SOUVENIRS

DE

FRÉDÉRICK LEMAITRE

ÉVREUX, IMPRIMERIE DE CHARLES HÉRISSEY.

mes Souvenirs !!

SOUVENIRS

DE

FRÉDÉRICK LEMAITRE

PUBLIÉS PAR SON FILS

AVEC PORTRAIT

PARIS

PAUL OLLENDORFF, ÉDITEUR

28 *bis*, rue de Richelieu.

—

1880

Tous droits réservés.

MON PÈRE

C'était au commencement de mai 1875.

Il ressentait déjà les premières atteintes du mal qui devait l'emporter.

Un soir que nous étions tous auprès de lui, on sonna.

Il passa au salon et revint quelques instants après.

« Encore un, dit-il, après avoir posé son flambeau sur la table, encore un qui vient me demander mes mémoires. Qu'espèrent-ils donc y trouver? »

Puis, avec ce sourire à la fois ironique et bon qui lui était familier, il ajouta en appuyant sa main sur mon épaule :

« — Il faut pourtant qu'un jour nous rassemblions toutes nos notes, et que nous complétions nos *Souvenirs*.

Longtemps il s'était défendu contre toutes les tentatives faites pour l'amener à publier des *Mémoires*.

« — A quoi bon, disait-il, jeter sa vie en pâture à la curiosité d'un public insouciant qui tourne sans les lire les pages où vous avez épanché votre âme, et ferme le volume avec indifférence lorsqu'il n'y trouve pas la chronique scandaleuse qu'il y cherche. Et puis que n'ont-ils pas écrit déjà sur moi, et de quelles anecdotes plus erronées les unes que les autres n'ont-ils pas émaillé leurs récits ! »

C'était justement sur ce point qu'insistaient les amis qui cherchaient à le convaincre qu'il se devait à lui-même, et à l'art pour lequel il avait tant fait, de laisser après lui, et pour qu'il pût servir d'enseignement, un livre dépouillé de toutes ces fables plus ou moins invraisemblables imaginées par cette nuée de biographes dont pas un ne l'avait compris, qui ne le connaissaient même pas, et à qui il eût pu, comme Shakespeare, jeter dédaigneusement ces mots :

« — Vous ne pouvez parvenir à tirer des sons d'une flûte, et vous prétendez faire parler mon cœur ! »

*
* *

Lui seul, en effet, pouvait écrire ce livre, car lui seul était capable d'exprimer ce qui se passait dans ce vaste cerveau que l'isolement et la méditation avaient fait dès l'enfance silencieux et rêveur.

La mort de son père, qu'il idolâtrait et qu'il perdit à l'âge de neuf ans, le laissa de bonne heure livré à lui-même. Son esprit profond et naturellement observateur lui apprit jeune à connaître les hommes, et s'il n'eût écouté que ses instincts et ses goûts, il eût vécu paisible au fond de quelque retraite, cherchant dans les douces émotions de la famille, qui fut toujours l'idéal de sa vie, le calme et le repos dont avait besoin son imagination ardente, que l'exubérance de la pensée devait forcément entraîner vers d'autres destinées.

*
* *

Le souvenir de sa ville natale a laissé de tout temps gravés dans son esprit et dans son cœur une image, un culte, que rien n'a pu effacer.

Ni Paris, berceau de sa gloire, ni ses voyages artistiques, dont chacun était comme une sorte de marche triomphale, ne lui ont jamais procuré aucune sensation comparable à celle qu'il éprouvait lorsque, après une de ces grandes batailles livrées au théâtre, il lui était donné de pouvoir se reposer sur cette plage où s'étaient écoulées les premières années de sa jeunesse, et de respirer à pleins poumons cet air natal dont sa poitrine avait besoin.

C'est là qu'il venait rafraîchir son cerveau et retremper son génie au bruit des flots de la marée montante, lui apportant le souffle puissant de ce dieu visible qu'on appelle l'Océan.

Nul plus que lui ne croyait en Dieu ; il le voyait partout, il le voyait dans tout : dans le vent qui mugit, dans la tempête qui gronde.

Considérant la création comme une chose immuable, et se demandant d'où pourrait venir ce qui naît, s'il mourait quelque chose, il croyait naturellement à l'immortalité.

Dieu pour lui n'était autre que la nature elle-même.

C'était l'immensité, c'était l'éternité !

Républicain selon le Christ, il comprenait la foi politique enseignée comme la foi religieuse, non le fer et la torche à la main, mais avec des paroles de paix. Il admettait sans doute la liberté d'esprit et la fraternité des âmes, mais rejettait bien loin cette égalité matérielle qui consiste à substituer l'ignorance au mérite, et la force brutale au droit et à la justice ; ces utopies sociales que repousse la raison, et que dément la nature elle-même.

Quant à son art il en fut la gloire.

Il a été le théâtre du XIXe siècle ; il en a transfiguré l'âme, en le dépouillant de toutes les traditions vieilles et emphatiques, pour l'animer de ce souffle viril et passionné qui fait de ses héros des êtres véritablement pétris de chair et de sang, et vivant de la vie réelle.

Plus grand, peut-être, que Le Kain et Talma qui n'eurent en arrivant qu'à se draper dans la pourpre de Corneille ou la toge de Voltaire, il lui a fallu, lui, se dépouiller de tous les vieux oripeaux du passé, pour s'incarner dans une nature nouvelle, inconnue, et enfanter une créature qui sût à la fois éprouver et rendre les grandes inspirations du lyrisme tragique, et s'abaisser jusqu'aux trivialités de l'existence matérielle.

Un être enfin, qui, un pied sur le marbre et l'autre dans l'argile, fût en même temps Hamlet et Falstaff, Ruy-Blas et Robert-Macaire.

Mais de même que ces créatures privilégiées ont reçu de la nature le don de passionner les masses intelligentes et profondes, elles ont hérité en même temps de cette prérogative d'attirer sur elles les foudres des esprits malades et bornés.

Nul plus que lui n'a eu à lutter contre cette routine enracinée qui ne veut admettre aucun écart à la tradition, et vit dans son passé vermoulu comme la mort dans son cercueil.

Nul plus que lui n'a été en butte aux attaques de cette presse dont parle Lamartine : « Ces critiques austères et âpres, ces hommes qui délayent jusqu'à nos larmes dans leur encre pour donner plus d'amertume à leurs sarcasmes. »

Les jalousies mesquines dont il fut toute sa vie l'objet, et l'ingratitude qui l'attendait à ses derniers moments, ne le surprirent en rien.

Il n'avait jamais espéré davantage.

De là son éloignement à laisser des mémoires.

Il se souciait peu de satisfaire la curiosité frivole des indifférents, ayant depuis longtemps concentré toutes ses affections sur les siens.

S'il écrivait, c'était pour lui et sans se soucier plus.

Alors un mot jeté sur le papier lui suffisait pour se rappeler une époque, une phrase lui retraçait sa vie, et quand il lui fallait songer à développer sa pensée, emporté déjà loin par son imagination, il posait la plume et remettait au lendemain.

D'où des chapitres demeurés inachevés, là

où il avait entrevu des volumes ; des notes renfermant pour lui seul tout un poème, toute une existence.

Ces pages ne sont donc pas des mémoires, mais simplement des feuilles détachées du journal où il jetait, en rêvant, ses impressions du présent, ses aspirations dans l'avenir, ses adieux au passé.

Ses *souvenirs* enfin, tristes ou gais, sombres ou rayonnants, selon que son cœur riait ou saignait.

Ce sont ces *souvenirs* dont il venait de parler, qu'il se décidait enfin à compléter pour les livrer à la publicité.

Dieu, hélas! en avait décidé autrement.

Ce mal auquel on n'avait d'abord attaché aucune importance, et qui, au dire des médecins eux-mêmes, n'offrait en apparence aucun danger, prit bientôt des proportions tellement alarmantes, qu'il ne resta plus de doute sur sa gravité.

Un cancer venait de se déclarer à la langue.

La douleur fut immense pour chacun de nous, mais il fallait cacher la vérité.

Un journal la lui apprit.

Un matin que l'inquiétude nous tenait réunis dans la chambre voisine de la sienne, il entra avec ce journal dans la main, et nous le tendit nonchalamment en marquant avec l'ongle du pouce l'alinéa qui le concernait, après quoi il rentra sans avoir prononcé une seule parole.

Ce journal disait :

« La santé de Frédérick Lemaître continue d'inspirer de vives appréhensions à sa famille et à ses amis ; le grand artiste est, dit-on, atteint d'un ulcère dans la bouche. »

Le coup était porté.

Il connaissait son mal, il le savait sans remède, il se sentait perdu.

Dès ce moment, jamais résignation plus grande, martyre plus héroïque ne furent endurés avec plus de courage et plus de religion. Se sachant condamné, jour par jour, heure par heure, il suivait dans une glace les progrès du mal dont il mourait, sans qu'aucune plainte se fît entendre, sans qu'une exclamation lui échappât. Allant jusqu'à dissimuler ses souffrances pour n'ôter le courage à personne, il s'informait des affaires de tous et des besoins de chacun. Il parlait de l'avenir, de sa représentation de retraite dont il était de nouveau question, après qu'elle avait été arrêtée d'une façon si scandaleuse deux ans auparavant, et sur laquelle nous reviendrons en temps et lieu dans le cours de cet ouvrage.

*
* *

. . . .

. . . « Mon cher Frédérick, m'écrivait-il « quelques semaines avant sa mort, je m'em- « presse de répondre à ta bonne lettre d'hier. « Calme-toi, cher enfant, l'amélioration con- « tinue, c'est l'avis des deux docteurs Rein- « villiers et Costille qui sortent d'ici. »

Deux amis dévoués qui n'ont cessé de lui prodiguer leurs soins pendant tout le cours de sa cruelle maladie.

« Ils ont causé longuement et très amicale-

« ment. Ils sont du même avis; rien de grave,
« *âcreté du sang, sang appauvri*. Ah! dame, les
« évènements depuis plusieurs années m'ont
« donné l'occasion d'en faire, du mauvais sang!

« L'un et l'autre ont constaté un mieux sen-
« sible sur ma langue, mais la maudite ne
« veut pas rentrer dans sa coque, l'entêtée! Ils
« ont trouvé le pouls meilleur, plus d'inter-
« mittence, et m'ont ordonné pour en finir
« trois gouttes de *ciguë composée*.

« Tu le vois, mon ami, je m'empoisonne
« tous les jours pour ma santé et pour vivre!
« Quoique le chemin de la vie soit souvent
« rude et pénible à parcourir, on aime encore
« à le continuer jusqu'à extinction de chaleur
« naturelle quand on est bon chrétien, et je
« le prouve, moi.

« Je ne me considère pas comme malade,
« non, mais comme blessé; je meurs de faim,
« je voudrais tout croquer! Hélas, ces diables
« d'aphthes s'y opposent. Aussitôt que je pour-
« rai mastiquer cela ira tout seul; je ne serai
« plus malade que d'indigestions! En atten-
« dant, je subis le supplice de Tantale.

« Reinvilliers doit t'écrire prochainement. Il
« me charge de te souhaiter bonne chance, et
« t'assure de son amitié. Il est resté ravi à la
« vue d'une certaine douillette boulonnaise,
« dont je soupçonne fort ta chère femme, ma
« bonne Louise, d'être la collaboratrice. Merci,
« mes chers enfants, merci ; je ne la mettrai
« que les dimanches.

« Caroline vient me voir tous les jours ; elle
« est pleine d'attentions pour moi. Je vois aussi
« Napoléon très souvent.

« Depuis quelques jours, mon nom se lit
« dans tous les journaux ; les représentations
« du signor Rossi dans *Kean* donnent lieu à
« des histoires et à des cancans de toutes sortes.

« Ma représentation de retraite en est tou-
« jours là. Comme je ne puis m'en occuper
« moi-même, une foule de petites susceptibi-
« lités font que rien ne se décide.

« Je ne sais ce qu'il en sera cette fois encore ;
« en tout cas, *mon bénéfice* aura du moins
« servi de prétexte à quelques-uns, pour se
« faire de la réclame.

« Ma maladie aussi est le sujet de toutes

« sortes de commentaires de la part de ces
« mêmes journaux. Ceux-ci me font très
« malade, ceux-là me disent grippé ! etc., etc.

« Espérons qu'un jour que j'aurai fait ma barbe
« et qu'il fera beau, je pourrai me montrer et
« faire dire : « petit bonhomme vit encore ! »

. . . .

*
* *

On le voit, il feignait d'ignorer, ou plutôt il
cherchait à oublier.

Imposant silence à sa raison pour n'écouter
que son cœur, il voulait que chacune de ses
dernières paroles fussent autant de sourires. Il
parlait de faire voir *petit bonhomme rasé et
pimpant*, quand il savait que depuis longtemps
ses jours étaient comptés.

Un soir seulement, — il devait bien souffrir, — il murmura tout bas :

— Ah ! si l'on n'était pas chrétien !

Ce fut tout.

Ce martyre dura huit mois.

*
* *

Enfin, le mercredi 26 janvier, comme nous entourions son lit, il se leva de lui-même sur son séant, et son regard, tout en se fixant tour à tour sur chacun de nous, semblait plonger en même temps dans le vide. On eût dit que ses grands yeux *écoutaient, entendaient,* comme si Dieu lui eût parlé en ce moment.

Alors, impuissant à prononcer un mot, — une congestion survenue pendant la nuit avait paralysé la langue, — il étendit ses deux mains au-dessus de nos têtes, et nous bénit.

Quelques heures après, il s'endormait du sommeil éternel, sans agonie, sans secousse.

Il avait perdu jusqu'à la force de souffrir.

Il était huit heures du soir.

C'est une heure solennelle et terrible que celle de la mort. Le silence qui suit a quelque chose d'étrange, de mystérieux, d'auguste. Il semble que l'âme qui nous quitte nous enveloppe dans un frémissement inconnu, comme si elle voulait nous entraîner.

Elle se répand dans l'air. Elle fait partie de Dieu.

*
* *

Trois jours après, Paris tout entier accompagnait à sa dernière demeure celui que la postérité devait appeler Frédérick Lemaître, et Victor Hugo, au nom de ce peuple accouru pour lui faire cortège, lui adressait un dernier adieu.

« ...... Je salue dans cette tombe, a dit le « poète, le plus grand acteur de ce siècle, le « plus merveilleux comédien peut-être de tous « les temps.

« Il y a comme une famille d'esprits puis- « sants et singuliers qui se succèdent et qui ont « le privilège de réverbérer pour la foule et de « faire vivre et marcher sur le théâtre les « grandes créations des poètes ; cette série « superbe commence par Thespis, traverse « Roscius, et arrive jusqu'à nous par Talma.

« Frédérick Lemaître en a été, dans notre « siècle, le continuateur éclatant.

« Il est le dernier de ces grands acteurs par
« la date, le premier par la gloire. Aucun
« comédien ne l'a égalé, parce qu'aucun n'a pu
« l'égaler ; les autres acteurs, ses prédécesseurs,
« ont représenté les rois, les pontifes, les capi-
« taines, ce qu'on appelle les héros, ce qu'on
« appelle les dieux ; lui, grâce à l'époque où il
« est né, il a été le peuple. Pas d'incarnation
« plus féconde et plus haute. Étant le peuple,
« il a été le drame ; il a eu toutes les facultés,
« toutes les forces et toutes les grâces du
« peuple, il a été indomptable, robuste, pathé-
« tique, orageux, charmant ; comme le peuple,
« il a été la tragédie et il a été aussi la comé-
« die.

« De là sa toute-puissance, car l'épouvante
« et la pitié sont d'autant plus tragiques qu'elles
« sont mêlées à la poignante ironie humaine.

« Aristophane complète Eschyle ; et ce qui
« émeut le plus complètement les foules, c'est·
« la terreur doublée du rire. Frédérick Lemaître
« avait ce double don ; c'est pourquoi il a été,
« parmi tous les artistes dramatiques de son
« époque, le comédien suprême.

« Il a été l'acteur sans pair. Il a eu tout le
« triomphe possible dans son art et dans son
« temps; il a eu l'insulte, ce qui est l'autre
« forme du triomphe.

« Il est mort. Saluons cette tombe. Que
« reste-t-il de lui aujourd'hui? Ici-bas un génie.
« Là-haut une âme.

« Le génie de l'acteur est une lueur qui
« s'efface; il ne laisse qu'un souvenir. L'immor-
« talité qui appartient à Molière, poète, n'appar-
« tient pas à Molière, comédien. Mais, di-
« sons-le, la mémoire qui survivra à Frédérick
« Lemaître sera magnifique; il est destiné à
« laisser au sommet de son art un souvenir
« souverain.

« Je salue et je remercie Frédérick Lemaître.
« Je salue le prodigieux artiste; je remercie
« mon fidèle auxiliaire dans ma longue vie de
« combat.

« Adieu, Frédérick Lemaître! » . . . . . .
. . . .
. . . .

*
* *

Pourquoi ce début, demandera-t-on peut-être ; pourquoi la mort avant la vie ?

Parce que la mort seule met un terme à l'envie. Elle est, a dit Balzac, « le sacre du génie. »

L'humanité est ainsi faite, qu'il lui faut la suprême expiation pour qu'elle consente à accorder sans aucune restriction, sans arrière-jalousie, la part de gloire et de reconnaissance qui est due à ces élus dont la mission ici-bas semble tracée d'avance.

Ce sont les jalons jetés par la Providence pour marquer de loin en loin les étapes de la civilisation et du progrès.

Aujourd'hui que le silence de la mort s'est fait respectueux autour de sa tombe, qui songerait à contester son génie, qui oserait le juger sans appel ? Dans sa longue carrière qui compte plus d'un demi-siècle, où dès le premier jour il se révéla grand, qui a pu le suivre et l'embrasser dans son ensemble ?

Qui l'a vu naître, grandir et s'éteindre ?

Les uns sont bien jeunes, les autres bien

vieux, et depuis soixante ans la mort n'a cessé de faucher sur le tout, sans qu'aucun d'eux soit parvenu à amoindrir ce nom que les générations se transmettront désormais en passant.

*
* *

Sans faire remonter bien haut sa généalogie, nous nous bornerons à donner ici son acte de naissance, tel qu'il existe sur les registres de l'état civil du Havre.

« Le 11 thermidor an VIII de la République
« française, une et indivisible, devant nous
« Guillaume-Antoine Séry, maire de cette
« ville, a été présenté un enfant mâle, que le
« citoyen Antoine-Marie Lemaître, architecte,
« nous a déclaré être né le neuf de ce mois
« (28 juillet 1800), à midi, en son domicile rue
« de la Gaffe, et être issu de son légitime ma-
« riage avec la citoyenne Victor-Sophie Mer-
« cheidt, son épouse, lequel enfant a été
« nommé Antoine-Louis-Prosper, » — le nom de Frédérick, qu'il adopta plus tard, était celui

de son grand-père à qui il avait voué une affection toute particulière,—« par le citoyen Jean-
« Louis Thibaut, ex-entrepreneur de travaux
« publics, domicilié à Rouen, représenté, en
« son absence, en vertu de procuration, par le
« citoyen Guillaume-Jacques-François Rous-
« sel, citoyen français (ex-abbé de Notre-Dame
« et son parrain), et par la citoyenne Anne
« Baron, épouse du citoyen Charles-Frédérick
« Mercheidt, maître de musique, aïeule ma-
« ternelle de l'enfant, témoins majeurs, domi-
« ciliés en cette ville, qui ont signé après lec-
« ture.

« *Signé :* Lemaître, Rousset, femme
« Mercheidt; Séry, maire. »

Nous avons dit qu'il avait divisé ses *Souvenirs* en chapitres, dont l'ensemble embrassait
l'histoire de sa vie. Nous essaierons de compléter, autant que possible, avec nos propres
souvenirs, les chapitres demeurés incomplets,

préférant, toutefois, laisser vides les lacunes où notre mémoire nous fera défaut, plutôt que de chercher à les combler avec des anecdotes imaginées à plaisir, et qui, n'étant pas l'exacte vérité, pourraient être désapprouvées par cette ombre illustre et chère.

Nous prendrons également sur nous de reproduire les appréciations des poètes dont il fut l'interprète dans le cours de ses grandes créations, et ce qu'ils ont écrit sur lui dans les préfaces de leurs œuvres. Il ne pouvait le faire lui-même en dictant ses *Souvenirs*, sans paraître vouloir se donner des certificats de capacité.

Nous y joindrons aussi certains articles de la presse, de cette presse parfois si injuste envers lui, et qui, seule, fut la cause de l'indifférence de toute sa vie pour la louange comme pour l'insulte.

Mais si, parmi ces fiers aristarques, il en est quelques-uns qui se montrèrent au-dessous de leur mandat envers le grand artiste, il en est d'autres qui surent rendre un juste hommage à son génie.

Ce sont ces derniers dont nous nous plairons à rappeler la parole, comme on se plaît à conserver, pour les relire, les lettres d'un ami.

I

LE HAVRE

. . . .

... Mon père, Antoine-Marie Lemaître (c'est ainsi qu'il commence le récit de ses *Souvenirs*), était architecte de la ville du Havre et fondateur d'une école gratuite de dessin et d'architecture.

Le génie de Bonaparte, à qui rien n'échappait, avait deviné, dans la création de cette nouvelle école, l'initiative d'une intelligence supérieure.

Dans un de ses voyages au Havre, il voulut connaître la classe de mon père, et le chargea, à l'issue de cette visite, de la direction des travaux d'un nouveau bassin, dont il venait de poser la première pierre, et qui, désigné d'abord sous le nom de *bassin du Havre*, reçut le nom de *Bassin du Premier Consul*.

A cette époque, comme on était en guerre permanente avec l'Angleterre, le Havre avait été transformé en port militaire, et la flotte ennemie, qui croisait dans la Manche, venait, à chaque marée montante, bombarder la ville, malgré les ripostes énergiques des batteries établies sur tout le littoral de la côte, de la tour de François Ier aux phares de la Hève, et s'avançait jusque dans la Seine, en face d'Honfleur, ce petit port de pêcheurs inoffensifs, dont le droit des gens fut violé de la façon la plus perfide, à la façon anglaise.

Grand nombre de pêcheurs de cette ville se livraient à leurs travaux journaliers sur la rade du Havre, lorsqu'un matin la division anglaise qui croisait devant le port, après s'être emparée de ces malheureux, renvoya chacune des barques sous la conduite d'un seul homme.

Cette nouvelle répandit la consternation dans Honfleur.

Ces pêcheurs avaient des familles, des femmes, des enfants, que leur captivité allait plonger. dans la plus profonde misère. Quel moyen employer pour obtenir justice? Il était défendu, sous les peines les plus sévères, de correspondre avec l'ennemi. Devait-on faire intervenir le gouvernement? Mais ce moyen eût entraîné des longueurs dont le résultat eût été fort douteux.

C'est alors que les femmes de ces infortunés conçurent un de ces projets audacieux comme les grands désespoirs savent en inspirer.

Équipant elles-mêmes leurs barques, et puisant leur force dans leur propre faiblesse, elles résolurent de tenter, sans le secours de personne, la délivrance de leurs maris. Elles partirent d'Honfleur, dirigeant seules, sous le feu meurtrier des bombes et des boulets, leurs frêles embarcations jusqu'à bord du vaisseau commandant la station, et là, avec cette éloquence sublime de la femme, à la fois épouse et mère, qui vient revendiquer son bien, moitié menaçantes et moitié suppliantes, elles réclamèrent la liberté des prisonniers avec une telle énergie, qu'elle leur fut accordée comme un hommage rendu à leur héroïque dévouement.

*
* *

Les Anglais avaient adopté pour point de mire le clocher de Notre-Dame, comme leur indiquant le mieux le centre de la ville, et la rue de la Gaffe, où habitait mon père, se trouvait être une des plus exposées aux projectiles de l'ennemi en raison de sa proximité avec l'église.

Un jour, qu'entouré de tous ses élèves, il allait terminer sa classe, une bombe vint tomber tout à coup au milieu de nous, sans que, par un hasard providentiel, elle atteignît personne.

Mais grande fut la terreur de tous, et chacun de se sauver comme on pense, sans regarder en arrière.

Ma mère, accourue sur les lieux, n'eut que le temps de me prendre dans ses bras, en me couvrant la tête de son châle comme pour me préserver, et de s'enfuir avec moi vers l'Eure, où les habitants avaient coutume de chercher un abri sous la voûte et dans les casemates de la citadelle contre le bombardement, en attendant que la marée basse, forçant les navires anglais à se retirer, leur permît alors de rentrer en ville.. . . . .

. . . .

*
* *

« Bien qu'il eût alors cinq ans à peine, ce
« souvenir est toujours resté présent à sa mé-
« moire, et souvent il nous l'a raconté.

« Peut-être, en jetant ses notes sur le papier,
« avait-il la pensée de dépeindre quelque grande
« image d'une ville bombardée? Mais aujour-
« d'hui, nous croyons inutile de nous étendre
« sur ce sinistre tableau, dont Paris, hélas ! n'a
« eu qu'un exemple trop terrible, lorsque, pen-
« dant six mois, les obus allemands ne ces-
« sèrent de ravager ses campagnes et d'incendier
« ses édifices.

« Il serait superflu de chercher à rappeler le
« spectacle de ces familles accroupies sans abri
« sur les cendres encore fumantes de leurs

« chaumières ; ces vieillards expirant dans un
« coin, sans force pour appeler, près des enfants
« à la mamelle qui mouraient de froid et de
« faim sur le sein desséché de leurs mères, et
« qui n'avaient pour répondre à leurs sanglots
« que les gémissements et les imprécations des
« mourants dont la terre resta jonchée quand
« les hordes prussiennes eurent repassé le Rhin,
« ne laissant derrière elles que l'herbe qui
« grandit au pied des croix noires qui bordent
« les chemins, et des chapelles blanches éparses
« dans la plaine.

« Phares lugubres, qui semblent placés là
« pour marquer les étapes sanglantes de l'in-
« vasion du pont de Kehl à la place de la Révo-
« lution.

*
* *

« Je devais naître et mourir entre deux bom-
« bardements, écrivait-il en janvier 1871,
« pendant que les obus sifflaient autour de lui.
« Enfant, c'était ma ville natale qu'on brûlait ;
« aujourd'hui c'est Paris !

« Cinq ans après, il mourait.

« A temps égal, la foudre devait le précéder
« et le suivre. »

*
* *

« C'est alors », poursuit-il, « qu'un premier
chagrin m'attendait. »

Mon père, qui venait d'être désigné pour
faire partie des ingénieurs architectes, devant
se rendre au camp de Boulogne, voulut, avant
de quitter le Havre, visiter un matin le théâtre
dont il était conservateur. Il faisait sombre, et
l'on avait négligé d'abaisser la trappe qui ferme
d'ordinaire le trou du souffleur. Comme il
marchait à reculons, tournant le dos à la
salle, le pied lui manqua et il tomba dans le
vide.

Relevé aussitôt et transporté chez lui, les
lésions qu'il s'était faites à la jambe le contrai-
gnirent à prendre le lit, et peu de jours après
une sorte de tumeur se déclarait dans les parois
du genou.

Son médecin, jugeant le cas grave, voulut ui appliquer un vésicatoire, mais ennemi irré-conciliable de la médecine en général, et de ce genre de remède en particulier, mon père refusa énergiquement de se laisser traiter, et l'inflammation faisant bientôt de rapides progrès, l'amputation même devint impossible.

Quelques semaines après, il succombait étouffé par le mal..

Ce fut un coup terrible, une perte irréparable pour ma mère et pour moi.

Mon grand-père Mercheidt, étant mort peu de temps auparavant, sa veuve s'était retirée auprès de sa seconde fille mariée et établie à Paris depuis quelques années, et ma mère, afin de me mettre à même de continuer mes études, dut songer à son tour à quitter le Havre pour venir retrouver sa mère et sa sœur.

Grâce à un ami de la famille, nommé Lesage, riche armateur qui s'était acquis une fortune considérable, en faisant la course aux Anglais, et dont les fils avaient grandi avec moi dans la classe de mon père, ma mère obtint, de l'amiral Hamelin, des lettres de recommandation qui la mirent à même, en arrivant à Paris, de me faire entrer avec une bourse au collège Sainte-Barbe.

J'avais alors onze ans.

II

PARIS

Une fois à Paris, ma mère s'installa rue Guénégaud, où habitaient sa sœur et son beau-frère, mon oncle et ma tante Coussin, avec ma grand'mère Mercheidt, et je fus admis comme externe au collège Sainte-Barbe.

Ébloui par le prestige qu'exerce sur celui qui n'est jamais sorti du fond de sa province ce mot magique de Paris, j'avais quitté le Havre avec toute la curieuse insouciance de la jeunesse.

Les récits merveilleux avec lesquels avaient été bercée mon enfance me faisaient entrevoir une de ces villes féeriques, aux palais de marbre et de porphyre, comme le poète arabe les dépeint dans ses contes, et je m'y figurais déjà riche et puissant au milieu du mouvement et de la foule.

Quelle ne fut pas, hélas ! ma déception, lorsque je vis la voiture qui nous amenait, ma mère et moi, s'arrêter devant la porte basse d'une des plus hautes maisons de la rue Guénégaud.

Il pleuvait, et le ruisseau boueux creusé dans son milieu roulait avec un bruit monotone et triste ses eaux noires vers la rivière.

C'était, il m'en souvient, le numéro 19. La maison est restée telle qu'elle était alors, et les trois fenêtres cintrées du quatrième étage, qui éclairaient la chambre de ma mère, regardent toujours le morne pavillon de pierres grises flanqué à l'angle droit de l'hôtel des Monnaies.

L'unique fenêtre de ma chambre, située à l'étage supérieur, donnait comme les siennes sur ce même pavillon dont les murs sombres et élevés ne permettaient pas à la vue de s'étendre au delà de ses toits, et à part quelques rares promenades que mon oncle nous faisait faire le dimanche dans le jardin des

Tuileries, je n'en sortais que pour parcourir quotidiennement, matin et soir, le chemin qui conduisait de la rue Guénégaud à Sainte-Barbe.

*
* *

Cette vie régulière et sévère, si éloignée de l'existence animée, fièvreuse en quelque sorte que j'avais rêvée en quittant le Havre, bien que j'eusse encore à peine mes douze ans, produisit un tel effet sur moi que, quelques mois s'étaient à peine écoulés, une sorte de consomption s'empara de mes idées et engourdit mes sens, sans qu'il me fût possible de m'expliquer au juste quels pouvaient être mes désirs et mes aspirations.

Était-ce la nostalgie, ce mal du pays mortel aux imaginations ardentes ?

Peut-être !

N'avais-je pas, en effet, laissé là-bas tous mes souvenirs d'enfance et toutes mes espérances d'avenir ?

Les murs froids et nus du collège pouvaient-ils me faire oublier la classe de mon père, voisine de la chambre où j'étais né, et d'où, le front penché sur mon travail, j'entendais à toute heure du jour les pas de ma mère et le frôlement de sa robe? L'accent dur et impérieux des professeurs de Sainte-Barbe pouvait-il ne pas blesser mon oreille, habituée à la voix paternelle, qui quelque sévère qu'elle pût être, me paraissait toujours harmonieuse et douce?

Et quand j'étais rentré le soir sous notre étroite et sombre allée de la rue Guénégaud, pouvais-je en m'endormant m'empêcher de rêver à la jetée du Havre, à ses nuits étoilées et à ses flots phosphorescents; à ces milliers de voiles pointant à l'horizon, à ces trois-mâts superbes qui s'avançaient lentement en ondulant sur l'eau comme un enfant qu'on berce, et n'abordaient le port qu'après avoir bien bas incliné leur beaupré comme pour le saluer.

Perdu dans ce Paris, j'y marchais au hasard appelant vainement mes compagnons de jeux demeurés sur la plage où nous nous amusions à simuler des digues avec de gros galets pour arrêter le flux de la marée montante, dont les vagues écumantes s'avançaient, reculaient, bondissaient à nos pieds, comme un chien qui se roule et vous invite à jouer.

Je cherchais près de moi mon pauvre père, cet ami, qui jusqu'alors avait guidé mes pas, et que le ciel, hélas, m'avait repris trop tôt. Son austère affection et sa volonté ferme eussent eu le pouvoir de me faire persévérer, malgré mon peu de penchant, je l'avoue, pour les études abstraites, dans la carrière aride, mais positive à laquelle il me destinait, en voulant que je fusse architecte comme lui.

Seul, je me sentais de nouveau replongé dans mes incertitudes, et entraîné malgré moi vers cette préoccupation constante du théâtre, sur laquelle s'étaient concentrées toutes mes illusions.

Cette vocation que tout enfant j'avais conçue, et que mon père n'avait tolérée que comme une distraction, mais qu'il n'eût jamais consenti à me laisser embrasser, cette vocation se réveillait en moi plus vivace et plus forte, en sentant que cette volonté ne pesait plus sur moi.

Quand ma mère me croyait à la classe, je

traversais les ponts pour venir seul et rêveur passer des jours entiers sous les grands marronniers des Tuileries.

Mon âme avait besoin d'air et de solitude; elle aspirait après un inconnu que je ne savais définir.

*
* *

Effrayée du changement rapide qui s'opérait en moi, ma mère résolut de consulter les médecins. Le hasard fit que l'un d'eux devina mon mal au premier coup-d'œil, et sa principale ordonnance s'attachant à me prescrire le plus de distraction possible, il conseilla entre autres divertissements de me conduire au théâtre.

Ce mot produisit sur moi une réaction tellement visible et spontanée, qu'il fut décidé que le soir même on irait au spectacle.

Par respect pour son double deuil, ma mère s'était abstenue de ce plaisir depuis son arrivée à Paris, et pas plus qu'elle je n'avais visité d'autres théâtres, que les baraques des saltimbanques qui paradaient sur les places publiques, ayant pour habitude de rentrer exactement chaque jour à l'heure où finissait la classe, afin de n'éveiller aucun soupçon sur mes absences à Sainte-Barbe, et de passer mes soirées au milieu du petit cercle de famille où venaient se joindre à nous, ma grand'mère, mon oncle et ma tante Coussin. Tous quatre se réunissaient et causaient autour du foyer, pendant qu'assis devant la table, je dessinais ou je lisais.

*
* *

A cette époque l'Ambigu-Comique tenait, avec la célèbre *Madame Angot*, un de ces succès sans précédent qui devaient, à soixante ans d'intervalle, faire la fortune de deux théâtres.

Circonstance bizarre.

C'est même *Madame Angot* qui eut le privilège de m'attirer pour la première fois dans cette salle de l'Ambigu, laquelle devait, quelques années plus tard, devenir le théâtre de mes premiers succès, et était destinée en même temps à servir de prétexte à l'interdiction de ma représentation de retraite à l'Opéra.

Décidément cette courtisane des halles n'a jamais su accorder franchement ses faveurs qu'aux directeurs.

*
* *

On me conduisit donc à l'Ambigu.

Le lendemain, j'étais encore tout entier sous l'émotion fiévreuse de cette soirée, émotion moins due à la valeur de la pièce qu'à l'ensemble du spectacle auquel j'avais assisté.

Ces lumières, ce monde, ces applaudissements et ces rires, ces personnages tour à tour réels ou fantastiques, défilant devant mes yeux comme maintes fois j'en avais entrevus dans mes rêves, tout cela m'avait ébloui, fasciné, et dès ce moment mon parti était irrévocablement pris.

Je voulais être comédien.

Je fis part de ma résolution à ma mère; la pauvre femme en demeura muette de stupeur. C'était pour elle le renversement de tous ses projets, de toutes ses espérances; c'étaient mes études arrêtées, mon avenir perdu; et ma grand'mère, plus acharnée encore, cherchait à me persuader en pleurant que c'était me *damner* que de vouloir monter sur les planches !

La bonne chère vieille, ses lunettes braquées jours et nuits sur un vieux livre de messe, ne voyait partout qu'enfer et damnation. J'avais beau m'évertuer, pour essayer de lui faire comprendre qu'on n'était pas damné pour jouer la comédie ; je me souviens qu'un jour je n'eus que le temps de me sauver pour ne pas recevoir sa malédiction, parce qu'à la suite d'un sermon, j'avais osé lui répliquer gravement par ces deux vers de Voltaire :

Les prêtres ne sont pas ce qu'un vain peuple pense.
Notre crédulité fait toute leur science.

N'avais-je pas, en effet, raison d'invoquer Voltaire ? Il les connaissait bien, lui, ces prêtres intolérants, quand il disait à Le Kain, qui venait lui demander à être admis dans la troupe des comédiens du roi :

« Vous voulez être comédien ? C'est le plus
« beau, le plus rare, et le plus difficile des ta-
« lents. Un jour à venir la France estimera
« votre art, mais il est avili par des barbares,
« et proscrit par des hypocrites. »

Cette réprobation, qui pèse encore aujour-
d'hui sur la classe des comédiens, n'est-elle
pas l'œuvre des gens d'église; n'a-t-elle pas été,
avant tout, suggérée par ces hommes qui, jaloux du privilège que jusqu'alors on leur avait
concédé à eux seuls, en leur accordant le droit
de représenter des *Mystères*, ne voyaient, dans
la venue des nouveaux comédiens, que des rivaux dangereux qu'ils devaient poursuivre de
leur haine.

Cette haine, dégénérée en préjugé inique,
fruit de l'ignorance, fut propagée de siècle en
siècle par de plats courtisans, de faux dévots et
de vieilles bigotes, vendus au confessionnal,
cet oratoire de l'Inquisition, qui, les uns et les
autres, espéraient ainsi se réhabiliter et se
grandir, en foulant sous leurs pieds le génie
quelquefois, la probité toujours.

Un exemple suffira pour le prouver.

Une vieille chronique du temps dit :

« Pendant plusieurs siècles les progrès de
« l'art dramatique, en France, se bornèrent à
« la composition et à la représentation d'une
« infinité de mystères, moralités, farces et so-
« ties, produits en public à la faveur d'un pri-
« vilège exclusif accordé par lettres-patentes
« de l'an 1402, *aux confrères de la Passion,*
« qui établirent leur théâtre dans une salle de
« l'hôpital de la Trinité, rue Saint-Denis. Ils y
« restèrent jusqu'en 1548 ; à cette époque, ils
« achetèrent l'ancien hôtel des ducs de Bour-
« gogne, qui n'était plus qu'une masure, et y
« firent construire un théâtre. Lorsque la con-
« naissance et l'étude d'Eschyle, de Sophocle,
« d'Euripide, d'Aristophane, de Plaute et de
« Térence, eurent inspiré à Jodelle, La Pé-
« ruse, Garnier et autres auteurs dramatiques
« du XVIᵉ siècle, des ouvrages plus réguliers,
« les comédiens, qui voulurent se former en
« troupe et se fixer à Paris pour les représen-
« ter, éprouvèrent beaucoup d'obstacles, et
« furent longtemps tourmentés par les *con-*
« *frères de la Passion*, qui voyaient en eux

« des *rivaux redoutables*. Il fallut cependant
« qu'ils cédassent au torrent de l'opinion pu-
« blique prononcée en faveur des nouveaux
« acteurs et des pièces qui formaient alors
« leurs répertoires. Ils furent contraints, en
« 1588, de leur abandonner l'hôtel de Bour-
« gogne, si longtemps témoin de leurs suc-
« cès. » . . . .

. . . .

. . . .

*
* *

Mon oncle Coussin, plus sensé, et pour ainsi
dire le chef de la famille, comme étant le seul
homme, essayait de raisonner les femmes.

« Pourquoi vous opposer, disait il à ma
« mère, au penchant de votre fils ; êtes-vous
« bien certaine de ne pas vous tromper en per-
« sistant à lui faire suivre une carrière pour
« laquelle il ne témoigne que de l'éloignement ?
« Son père, seul, y fût peut-être parvenu ; mais,
« sans que cela altère en rien l'affection qu'il
« vous porte, croyez-vous avoir sur lui le même

« empire, la même autorité? Sa nature artis-
« tique, exaltée, violente même, l'entraîne ir-
« résistiblement, depuis sa plus tendre enfance,
« vers un but auquel il semble prédestiné.
« Croyez-moi, lutter plus longtemps c'est
« perdre, en vaine résistance, un temps pré-
« cieux ; sa volonté l'emportera sur la vôtre ;
« il sera comédien. »

Ma mère, alarmée du ravage produit chez
moi par la maladie, ébranlée par les conseils de
mon oncle, céda, à son corps défendant, mais
à la condition, toutefois, ajouta-t-elle avec
cette prévoyance que lui dictait son cœur, que
tout en cherchant à me faire comédien, je ne
négligerais pas de suivre mes cours à Sainte-
Barbe, et que je continuerais à m'occuper d'architecture, afin que dans le cas où je ne réussi-
rais pas au théâtre, je n'eusse pas, au moins,
tout perdu à la fois.

Ce fut avec des larmes de joie dans les yeux
que j'embrassai ma mère, en lui jurant de me
soumettre religieusement à tout ce qu'elle me
demandait, en échange du sacrifice qu'elle me

faisait ; sacrifice d'autant plus grand que la pauvre femme nous cachait une partie de la vérité.

En perdant si soudainement son mari, elle avait, en même temps, perdu toutes ses ressources. Les émoluments de mon père, comme architecte de la ville du Havre, sa classe et ses leçons particulières, constituaient, seuls, notre modeste revenu. Sa mort, et les frais de notre installation à Paris, avaient épuisé nos petites économies ; ma mère devait elle-même donner des leçons de piano pour vivre, et sa gêne était trop grande pour que je pusse rester sans travailler.

En continuant mes études, elle me voyait bientôt à même de pouvoir gagner quelque argent, en entrant, soit comme dessinateur chez un architecte, soit comme vérificateur chez quelque entrepreneur, sans que cela vînt en rien, bien au contraire, entraver ma carrière. Tandis que ce *théâtre maudit !* (elle ne pouvait jamais prononcer ce mot sans l'accompagner de cette dernière épithète), c'était pour elle l'inconnu, l'anéantissement de tout.

J'y voyais, au contraire, une source rapide de fortune.

A force de travail et de persévérance, je parvins à me faire admettre, comme *élève auditeur*, au Conservatoire, dans la classe de Lafon, le tragédien.

On me reconnaissait bien une certaine intelligence, mais j'avais largement à faire ; non seulement je grasseyais assez fortement, mais j'avais encore conservé un accent normand des mieux accentués, et ce que j'avais de mieux à faire jusqu'à nouvel ordre, me dit-on, c'était d'écouter et de regarder.

C'était peu ou beaucoup : qu'importe !

Loin de me décourager, je partais le matin, et, sous ces mêmes marronniers où quelques mois auparavant je me demandais, morne et languissant, s'il me serait donné, à l'automne suivant, de fouler sous mes pieds leurs feuilles desséchées, je revenais, cette fois, plein d'espérance et de vie, voulant, nouveau Démos-

thènes, vaincre et assouplir cette langue rebelle, en faisant retentir l'air des imprécations
d'Achille et des fureurs d'Oreste !

Mais je savais la vérité, et je devais songer
à venir en aide à ma mère.

L'espoir de débuter prochainement sur un
théâtre était encore trop incertain pour que
je puisse m'y arrêter. J'entrai d'abord chez
un procureur, puis chez un notaire où je fus
admis comme petit clerc, autrement dit : *saute-
ruisseau*, avec des appointements de trente
francs par mois, que je rapportais exactement
à la maison, sauf quelque petite monnaie
que je gardais pour m'acheter les principaux
ouvrages des auteurs classiques, ou bien aller
au spectacle en me glissant parmi la claque.

Le premier argent gagné, si faible que soit
la somme, semble toujours une fortune ; cependant je ne tardai pas à m'apercevoir que
celle-ci était réellement par trop minime. C'est
alors que, me rappelant l'esprit de trafic de

mes compatriotes, l'idée me vint de me faire négociant.

Avec le secours de quelque argent que j'obtenais de mon oncle, en cachette de ma tante, et de quelques sous que je soutirais à ma tante en cachette de mon oncle, je fus bientôt à même de faire quelques provisions de riz, de sucre et de café.

Me présentant alors chez les petits commerçants comme commis-voyageur en *denrées coloniales*, je leur revendais mes produits à prix forts, et j'arrivais à réaliser ainsi, d'une façon assez intelligente, je l'avoue, d'honnêtes bénéfices qui me permirent promptement, non seulement d'abandonner avec avantage l'étude de mon notaire, mais encore de rentrer en pleine jouissance de ma liberté.

Bien que de tous temps, le théâtre et le négoce aient généralement passé pour être assez incompatibles, je n'en suivais pas moins assidûment mes cours au. Conservatoire ; et rentré le soir dans ma chambre où toutes mes marchandises étaient soigneusement rangées sur des rayons superposés les uns au-dessus des autres, je déclamais à haute voix force alexandrins, tout en étiquetant mes denrées avec le coût de leur achat et celui de leur vente, afin de me rendre un compte bien exact de chacune de mes opérations.

Tel était l'emploi assez monotone de mon temps, comme on le voit, lorsque survinrent les Cent-Jours.

III

LES CENT-JOURS

Ceux qui, comme moi, avaient quinze ans à cette époque, et comme moi étaient nés dans le giron de cette gloire et de cette grandeur, pouvaient-ils ne pas partager l'enthousiasme qui éclata pour le colosse que l'Europe entière coalisée avait cru terrasser, et qui se relevait plus grand et plus acclamé que jamais.

Lorsque le 20 mars, au matin, la nouvelle se répandit dans Paris que l'Empereur avait passé la nuit aux Tuileries, ce n'était plus de la joie, c'était du délire, de la frénésie, et quand on sut, peu de temps après, que les alliés, occupés tranquillement à se partager la France au congrès de Vienne, n'avaient pas encore licencié leurs armées, et qu'ils se disposaient de nouveau à lancer huit cent mille hommes sur nous, ce fut une rage, une exaltation à nulle autre pareille.

Chacun voulait être soldat, et suivant, comme malgré moi, l'impulsion générale, je courus m'engager.

Désigné pour faire partie de la division du général Lefèvre-Desnouettes, un des premiers que leur attachement pour Napoléon avait portés à se joindre à lui à son retour de l'île d'Elbe, je fus incorporé dans le deuxième régiment de ligne alors caserné à la *Nouvelle-France*, faubourg Poissonnière.

Deux mois se passèrent là, employés à faire l'exercice, pendant lesquels je m'efforçais d'entretenir mes instincts belliqueux avec des rêves de gloire et de batailles.

Lorsque vint le jour où eut lieu dans la cour du Carrousel la grande revue passée par l'Empereur avant le départ de l'armée pour Waterloo.

Ce jour-là, c'était le 3 juin, si j'ai bonne mémoire, le temps était magnifique, le soleil faisait étinceler les casques et les baïonnettes comme autant de milliers d'éclairs, et les vieux grognards ne pouvaient s'empêcher de comparer ses rayons à ceux du soleil d'Austerlitz.

Parti de la caserne à sept heures du matin, mon régiment ne défila que vers quatre heures seulement, après avoir stationné depuis dix heures sous le péristyle du Théâtre-Français.

L'Empereur, dont j'épiais autrefois le passage, en me mêlant, dans mes promenades buissonnières, à la foule qui chaque jour attendait sa sortie aux guichets de l'Échelle ou du Louvre, et que je n'avais pas revu depuis son départ pour la campagne de France, me parut sensiblement vieilli. Il était revêtu de son uniforme vert des chasseurs de la garde, et les plis de son gilet blanc, qui lui remontaient jusque sur la poitrine, étaient fortement saupoudrés de tabac.

*
* *

A ce souvenir d'enfant s'en rattache un autre tout artistique, et qui échappa sans doute à beaucoup de spectateurs, mais qui depuis est toujours resté présent à ma mémoire.

Le défilé des troupes venait de commencer, quand Napoléon, placé sous le grand balcon du pavillon de l'Horloge, crut reconnaître, au milieu de la foule que la curiosité avait attirée, une femme d'une tournure distinguée, quoique simplement mise, et qui se tenait debout et immobile derrière l'une des grilles.

« — Mais n'est-ce pas, demanda-t-il, à l'un des personnages qui l'entouraient, n'est-ce pas mademoiselle Mars que j'aperçois là-bas? »

Et il détacha immédiatement un aide de camp.

Lorsque la belle comédienne, car c'était bien elle, sur l'avis que l'Empereur désirait lui parler, se trouva tout émue en présence de Napoléon, il la prit par la main et la fit asseoir lui-même au milieu de sa suite, en s'excusant de ne l'avoir pas reconnue plus tôt.

Je n'avais vu jouer mademoiselle Mars qu'une seule fois. C'était peu de temps auparavant le 21 avril, dans une représentation donnée *par ordre*, la seule à laquelle assista Napoléon pendant les Cent-Jours. Mademoiselle Mars y jouait la marquise dans le *Legs*, en compagnie de Fleury et de Firmin.

Cette fois m'avait suffi pour que ses traits demeurassent gravés dans mon esprit.

La revue continua au milieu des acclamations du peuple, qui, en venant se mêler aux hurrahs des régiments et des divisions défilant, sabres au vent et bannières déployées, faisaient monter dans l'air de telles clameurs, qu'elles eussent étouffé jusqu'au bruit de la foudre.

La revue terminée, et rentré au quartier, je me mis à réfléchir pendant la nuit. La journée avait été longue et la fatigue était grande, aussi ne pouvais-je m'imaginer que le lendemain matin il allait falloir se remettre en route pour gagner la Belgique, et… à pied !

Cette perspective me donna fort à penser sur ce que j'avais fait dans un premier accès de fièvre chevaleresque, et ce que j'appelais tout bonnement aujourd'hui un coup de tête.

Je songeais à ma mère que j'avais quittée toute en pleurs ; au sacrifice que la chère femme s'était vainement imposé en se faisant violence pour consentir à me laisser embrasser la carrière théâtrale ; je pensais à mes études souhaitées avec tant d'ardeur, et auxquelles je renonçais si légèrement, sans m'être seulement demandé s'il me serait possible de les reprendre à mon retour, en admettant même que je revinsse.

Car enfin, quelle allait être l'issue de cette campagne entreprise si brusquement, sans préparations aucunes ; n'ayant pour tenir tête aux masses formidables qu'on nous opposait, que les débris d'une armée désorganisée et uniquement renforcée par de jeunes soldats, presque des enfants sachant à peine tenir leur fusil.

Quoique *moutard* et *tourlourou*, j'écoutais beaucoup parler les vieux soldats revenant des pontons anglais. « Trop vite ! murmuraient-ils, trop vite ! »

Le génie, me disais-je, primera-t-il la force ?

Quel que soit l'âge, les réflexions se succèdent rapidement dans certains moments. Il semblerait en cela que la pensée, s'éveillant dans la nouvelle enveloppe qu'elle anime, se souvient tout à coup, et cherche dans le passé les leçons de l'avenir.

C'est la tête ainsi bourrelée, et le corps déjà vaincu par la fatigue, que je finis par m'assoupir et perdre insensiblement le fil de ces grandes questions politiques écloses dans le cerveau d'un conscrit de quinze ans !

Le lendemain, la diane en m'éveillant vint me rappeler à la réalité.

Le lever, ce jour-là, eut lieu avec plus d'animation que de coutume ; on sentait chez tous, chez l'officier comme chez le simple soldat, l'agitation fiévreuse du départ.

Après avoir mangé la soupe et achevé les

derniers préparatifs, chaque peloton vint se former dans la cour pour passer à l'inspection. Tenue de campagne, sac au dos, gamelles et bidons, tentes et piquets, armes et cartouches, soixante livres sur les épaules, telle était la charge avec laquelle il fallait alors marcher et se battre.

Lorsque le régiment au grand complet fut rangé en bataille, il s'ébranla lourdement, et tambour battant, musique en tête, il quitta la caserne aux cris mille fois répétés de : Vive l'Empereur !

On monta le faubourg Poissonnière jusqu'à la barrière pour gagner par les boulevards extérieurs la route de Saint-Denis, et une fois en pleine campagne, on prit le pas de route, et chacun marcha selon sa fantaisie.

Je n'étais pas encore habitué à faire de longues marches avec ces énormes souliers ferrés, si grossièrement établis, que fournissait l'intendance aux pauvres diables de fantassins ; la fatigue de la veille m'avait fortement blessé au talon gauche, et nous n'étions pas à Saint-Denis, que déjà j'avais les pieds en sang.

La douleur m'obligeant à ralentir ma marche, je fus bientôt rejoint par les voitures d'ambulance qui nous suivaient. Comme je m'approchais de l'une d'elles, pour demander à l'infirmier qui la conduisait, s'il ne pouvait pas me laisser monter à côté de lui, le commandant, venant à passer en ce moment, m'interpella brutalement pour savoir ce que je voulais.

Je lui renouvelai ma prière en lui montrant mes pieds, afin qu'il pût s'assurer par lui-même à quel point je devais souffrir.

« — Va donc ! va donc ! mon bougre... me répondit-il durement. Tu en verras bien d'autres ! »

L'inhumanité de cet homme me révolta malgré moi, et je sentis le sang me monter violemment au visage, en voyant cette brute, parfaitement assise sur un bon cheval, refuser à un enfant blessé, de monter dans une de ces voitures qui pourtant n'étaient là que pour soulager les malades.

Sans calculer quelles pouvaient être les conséquences de ma résolution :

« C'est comme cela ? me dis-je, avec des lar-
« mes de rage dans les yeux ; eh bien ! je ne
« verrai rien du tout ! »

Et me blottissant derrière un de ces mon-
ticules de terre qui bordent les grandes routes,
j'attendis impassible que le régiment entier, le
peloton formant l'arrière-garde et le dernier
des traînards eussent défilé.

Alors, n'entendant plus aucun bruit, et n'a-
percevant pas même l'ombre d'un nuage de
poussière à l'horizon, je quittai prudemment
ma retraite après avoir laissé là armes et bagages, et je repris sans plus tarder la route de
Paris, où j'arrivai chez ma mère comme il faisait nuit.

IV

LA MARMITE RENVERSÉE

Ma pauvre mère, qui m'avait dit adieu en pleurant, me revit avec épouvante en apprenant la vérité.

— Malheureux ! s'écria-t-elle, te voilà déserteur. Tu vas être fusillé !

Je tentai de la calmer et de lui faire comprendre d'abord que, n'ayant pas quinze ans, je n'avais aucun supplice de ce genre à redouter ; ensuite que mon régiment était déjà bien loin, et que personne ne songeait certainement à moi. Enfin, pour la rassurer complètement, je lui promis de me présenter le lendemain matin au quartier, en donnant à mon retour un motif que je saurais trouver d'ici là, et de demander à être de nouveau dirigé sur mon corps, pour écarter plus sûrement les soupçons.

Dès que je vis le jour, je fis ce que j'avais promis la veille à ma mère, et après l'avoir de nouveau quittée en l'embrassant, je m'en vins frapper à la porte de la caserne.

Après avoir été mis en présence du sergent-major, le seul sous-officier resté pour comman-der les quelques hommes chargés de la surveil-lance du monument, je lui exposai que m'étant mis en route la veille étant déjà blessé, la douleur m'avait fait perdre connaissance au fond d'un fossé où j'avais voulu me reposer, et que lorsque j'étais revenu à moi, je m'étais vu seul sur le chemin au milieu de la nuit !...

Cette sorte d'odyssée ne lui parut pas très claire, et jusqu'à plus ample information, il ne trouva rien de mieux que de m'envoyer à la salle de police.

Deux jours, trois jours se passèrent sans autres visites que celles du concierge qui m'ap-portait régulièrement ma ration d'eau et de pain noir. Le sixième jour cependant, je me hasardai à lui demander si ma captivité devait se pro-longer longtemps encore ?

— Je n'en sais rien, me répondit-il ; cela regarde le sergent-major, et il n'est jamais là.

*
* *

Enfin, un matin, j'entendis par la petite fe-nêtre grillée, percée au-dessus de mon lit, sorte de vasistas scellé dans la muraille et prenant jour sur la cour, un mouvement inaccoutumé d'allées et de venues, et je crus reconnaître entre autres bruits, la voix du sergent-major.

Je me dressai immédiatement sur ma paillasse en me cramponnant aux barreaux jusqu'à ce qu'il me fût possible de voir au dehors.

C'était bien lui qui causait dans la cour avec le fourrier.

— Sergent ! sergent ! me hasardai-je à crier à trois reprises différentes.

Et voyant qu'il levait les yeux en les tournant vers moi, j'ajoutai timidement :

— Sergent ! est-ce que je ne vais pas bientôt sortir d'ici, moi !

— Qui cela toi ?

— Eh ! bien, mais moi, Lemaître ; vous savez bien, sergent, moi, qui me suis évanoui là-bas, sur la route de Saint-Denis, au fond d'un fossé !...

— Ah ! c'est toi Lemaître ? Oui, oui, je me rappelle. Ah ! bien, ajouta-t-il avec un air narquois, ton affaire est bonne, mon gaillard ; tu vas passer au conseil de guerre !

Les niais de l'ancienne comédie, tombant tout à coup sous la table ou dans une trappe, disparaissaient avec moins de promptitude que je n'en mis à me laisser glisser sur mon lit.

Ce mot de conseil de guerre m'avait plongé dans une telle stupeur, que c'est à peine si j'entendis le bruit des verroux, quand mon gardien, après avoir ouvert ma porte, me fit signe de le suivre en me disant que le sergent-major voulait me parler.

Je marchai derrière lui sans me sentir la force de l'interroger.

Tous les grands raisonnements, auxquels j'avais eu recours pour donner du courage à ma mère, m'abandonnaient en ce moment, et

je me voyais déjà accusé d'avoir déserté avec
armes et bagages en face de l'ennemi, traîné
devant le peloton d'exécution.

Aussi, quelle ne fut pas ma surprise, lorsqu'en entrant chez le sergent-major, je le vis
se lever et venir à moi.

— Mon pauvre Lemaître, me dit-il, en me
frappant sur l'épaule, comme tu dois m'en vouloir ! Figure-toi, mon garçon, qu'au milieu de
ce tohu-bohu, je t'avais oublié !

En deux mots, il me mit au courant des évènements, m'apprit le résultat de la bataille de
Waterloo, la déroute générale, et depuis deux
jours le retour par bandes isolées des fuyards
que l'on dirigeait aussitôt sur les buttes Saint-
Chaumont et de Montmartre, pour les faire travailler aux fortifications que l'on élevait afin
d'essayer de mettre Paris en état de défense.

Le résumé de ces explications, que j'étais
tout surpris de l'entendre me donner avec
autant de complaisance, était celui-ci :

— Depuis douze jours que tu es là, tu dois
avoir besoin d'air, et je suis sûr, ajouta-t-il en
ricanant, qu'un peu d'exercice te fera du bien !

Tu vas porter la soupe aux hommes qui tra-
vaillent là-haut.

*
* *

Quelques minutes après, portant sur ma tête
une énorme marmite de soupe, contenant la
ration de douze hommes, car à cette époque le
soldat mangeait encore à la gamelle, je remon-
tais de nouveau le faubourg, me dirigeant vers
Montmartre.

Mon premier sentiment, en me retrouvant
libre, fut de remercier Dieu.

Il me semblait qu'à la suite d'un horrible cau-
chemar, je me sentais transporté dans quelque
pays enchanté plein d'air, de lumière et de vie.

La fatigue me rappela bien vite à la réalité.
Cette marmite était affreusement lourde, et la
position qu'il fallait garder pour maintenir son
équilibre, en tenant les bras levés, doublait son
poids. La chaleur était accablante, le soleil de
juin dardait dans toute sa force, et j'avais fait à
peine quelques centaines de pas, que j'étais
obligé de m'arrêter.

4.

Comme je m'essuyais le front après avoir déposé mon fardeau sous une allée pour y chercher un peu d'ombre, je me mis à réfléchir de nouveau.

De même que dans la nuit qui avait précédé le départ des troupes pour la Belgique, j'avais su prévoir le triste résultat de Waterloo, de même il n'était pas difficile de prédire ce qui allait arriver aujourd'hui que la défaite était complète.

Les alliés allaient ramener le Roi, après qu'on aurait fait tuer, pour la forme, quelques milliers d'hommes dans une défense simulée, et je me demandais si ce n'était pas retomber de Charybde en Scylla, que d'aller me jeter inutilement dans cette mêlée sans issue, d'où j'étais parvenu à sortir une première fois.

Comme je me livrais à ces pensées, le fumet de la marmite, que j'avais posée à mes pieds, me montait agréablement aux narines.

C'était bien tentant pour un homme qui venait de passer douze jours au pain et à l'eau.

Ma foi, je me laissai séduire et je la découvris, d'abord avec l'idée d'y goûter seulement ;

mais au fur et à mesure que mes arguments en
faveur de mon émancipation prenaient plus de
consistance, les cuillerées de potage se succé-
daient avec plus de rapidité ; si bien qu'au
même instant où je sentais ma résolution irrévocablement arrêtée, j'apercevai le fond du
pot !

Le sort en était jeté ; je renversai la marmite, et je m'en revins de nouveau chez ma
mère.

Elle répandit bien encore quelques larmes ;
mais cette fois je demeurai inexorable, et jetant
le froc aux orties, je mis définitivement l'uniforme de côté.

Huit jours après, Louis XVIII rentrait dans
Paris, mon régiment était licencié, et sans que
je dusse pour cela me croire grand prophète, le
sinistre « sauve qui peut ! » jeté sur le champ
de bataille de Waterloo, avait, hélas ! réalisé
toutes mes prévisions.

Un matin, sans parler de rien à personne, je repris le chemin du Conservatoire.

Arrivé devant la porte de la classe, je l'ouvris avec précaution pour ne point éveiller l'attention, et je me glissai silencieusement dans un coin, sans que nul songeât seulement à me demander ce que j'étais devenu.

Au milieu de ce bouleversement général, on ne s'était même pas aperçu de mon absence.

Trois mois après, un concours fut ouvert au second Théâtre-Français pour les élèves du Conservatoire; je me présentai, j'échouai.

Une seule voix s'était élevée en ma faveur, celle de Talma.

Je l'ignorais. Son suffrage m'eût grandement consolé de cet échec.

Ce ne fut que quelques années plus tard que j'appris le fait par Picard, alors directeur de l'Odéon.

Picard, le bon, l'honnête Picard, le maître à tous; l'ami, le protecteur de la jeunesse. Il m'aimait comme un fils, et s'il n'eût dépendu que de lui, il m'eût dès le premier jour placé au premier rang. Aussi n'est-ce jamais sans éprouver une certaine émotion, que mes yeux se reportent sur la lettre qu'il m'écrivit quelque temps après, ou plutôt qu'il me fit écrire peu d'heures avant sa mort, car c'est à peine s'il lui était possible de tenir encore sa plume.

Il ne put que signer.

« Mon cher Frédérick, (dictait-il à son secré-
« taire, Théodore Nézel), permettez-moi de
« vous offrir un exemplaire de mes œuvres en
« reconnaissance du talent que vous venez de
« déployer dans mes *Deux Philibert*, et surtout
« du zèle tout amical que vous avez mis à mon-
« ter la pièce. Tout le monde me parle de vous
« et trouve que vous jouez le rôle avec toute
« la vérité et le comique qu'il réclame. Je vou-
« drais bien pour tous les deux que nous ne
« nous en tinssions pas là; voilà pourquoi je
« vous envoie mon théâtre. Cherchez, vous ne
« pouvez manquer d'y trouver quelque chose à
« votre convenance. Il y a dans la *Vieille*

« *Tante*, un rôle de Vernissac où vous produi-
« riez un grand effet, mais il nous faudrait
« une femme pour jouer la *Tante*. Mais quand
« j'y pense, un rôle tout à la fois comique et
« profond, et dans une pièce qui a toujours eu
« le plus grand succès, c'est Marcelin des
« *Marionnettes*; il y a de quoi faire autant
« d'effet que dans les *Deux Philibert*.

« Adieu, mon cher Frédérick, je me félicite
« bien d'avoir apprécié votre talent lorsque
« vous étiez tout jeune encore au second théâtre
« Français.

« Recevez de nouveau mes remerciements et
« l'assurance de ma sincère amitié. »

C'était sa dernière signature qu'il m'envoyait avec son dernier adieu. . . . .

. . . .

***
** **

Mais il me fallait à tout prix m'essayer sur un théâtre quel qu'il fût.

Fort de mon titre d'élève du Conservatoire, je me présentai au directeur des *Variétés amusantes* qui, moins exigeant que Messieurs les membres du jury du théâtre Royal de l'Odéon, m'engagea, séance tenante.

Quelques jours après, je débutais à *quatre pattes* dans le lion de *Pyrame et Thisbé*.

Enfin j'étais comédien.

V

PREMIÈRES ÉTAPES DRAMATIQUES

Oui, à quatre pattes, sur le théâtre des *Variétés-amusantes*, dans le lion de *Pyrame et Thisbé* !.

Ah ! il y avait loin de la place de l'Odéon au boulevard du Temple, et le roi du désert, tout roi qu'il pouvait être, portait moins haut sa crinière que le roi des rois ne portait sa couronne.

Il est vrai qu'il courait aussi moins de risques de la perdre.

Au surplus, ce début fut, par ma foi, très bon. Une feuille du temps prétendit que j'avais parfaitement saisi cette allure, noble, superbe, terrible ! . . . .

. . . .

dont parle Buffon dans son portrait du roi des animaux.

Du reste, ce titre de *Variétés amusantes* pouvait, à l'exemple de *l'Ambigu-comique*, qui n'a jamais représenté que les mélodrames les plus sombres, induire le public en erreur sur son véritable genre. On y jouait moins la farce proprement dite, que la pantomime héroïque telle que : *la Jérusalem délivrée; le Siège de Grenade; la Liberté des noirs; Pyrame et Thisbé*, etc., et un jeune débutant, sans passé, sans aïeux, pouvait y essayer très honorablement ses premiers pas... même à quatre pattes.

Au surplus, je ne fis là qu'une courte station, et après y avoir *mimé... Les Chevaliers de la mort*, et *la Clarinette enchantée*, je fus engagé par Bertrand, directeur du théâtre des Funam_ bules.

*
* *

Cette scène, maintenant infime, était à cette époque le théâtre des succès de Gougibus, de

Foignet, et de Débureau dont la réputation grandissait tous les jours.

Hélas! que sont devenus aujourd'hui ces beaux types de la comédie italienne? Quel bon gros rire jovial et franc provoquaient chez nos pères ces bruyants coups de battes et ces grands coups de pieds tombant indistinctement sur Cassandre ou Pierrot, et dont Molière lui-même s'est bien gardé de déshériter Mascarille et Crispin. Que de grâce, que de charme dans ces amours innocentes et muettes d'Arlequin et de Colombine; que de chatteries, que d'esprit dans un signe de tête, dans un mouvement de pied!

C'est là, qu'après m'être appliqué le matin dans la classe de Lafon à comprendre et à interpréter les grands maîtres classiques, je venais étudier le soir cette science si difficile qui consiste à faire coïncider le geste avec la parole.

Si l'on m'a reconnu pendant le cours de ma longue carrière quelques qualités mimiques dans certains de mes rôles, c'est par ce double travail qu'elles furent acquises.

Ah! dame, dans ce temps-là, si l'on s'amusait, on étudiait aussi. Cette grande préoccupation du jour qui consiste à rouler du matin au soir une cigarette dans ses doigts était inconnue, et l'on ne croyait pas qu'il fût suffisant d'avoir à peine un rôle dans la mémoire pour le jouer.

Je me souviens encore de ces portées de petits chats que Gougibus avait toujours dans sa loge ou chez lui, gracieusement blottis sur un tapis, et dont il observait sans cesse les jeux et les pauses mignonnes, afin de les imiter sous son masque d'Arlequin.

C'est qu'alors on était tout à l'amour de son art.

*
* *

Après avoir commencé par faire un sauvage dans *Arlequin Robinson*, puis un garçon apothicaire dans la *Naissance d'Arlequin dans un œuf*, je créai successivement une série de rôles qui me placèrent bientôt en première ligne, et nous devînmes, Débureau et moi, les enfants gâtés du public.

Jeunes et ardents tous deux, nous avions

nos partisans comme nos détracteurs, et nous luttions à qui l'emporterait sur l'autre, pour mériter le mieux les bravos du parterre, l'enthousiasme de l'orchestre, et les regards des avant-scènes !

Enfin, le rôle du comte Adolphe, dans le *Faux hermite*, vint mettre le comble à ma réputation naissante, et dès ce jour les dames ne m'appelaient plus que *le beau comte Adolphe!*

Les hommes, que ce surnom flatteur avait le don d'agacer singulièrement, se montraient par cela même plus sévères envers moi.

Si, le visage à demi caché derrière son éventail, une jeune lady se hasardait à trouver que ma tournure était élégante et bien prise, mes yeux expressifs et bien fendus, mon front élevé et intelligent, et mes lèvres gracieuses quand elles se plissaient pour sourire, le cavalier frisé, qui se tenait debout au-dessus de sa chaise, braquait dédaigneusement sa lorgnette sur moi, et s'empressait d'ajouter que le sourire était assez insignifiant, le front trop développé, les yeux trop grands pour avoir une véritable expression, et que la taille n'avait rien que de fort ordinaire.

La vérité est que j'étais *très joli!*

*
* *

La Restauration ne tarda pas à porter ses fruits.

Deux ans s'étaient à peine écoulés, qu'une ordonnance ministérielle faisait subitement fermer tous les petits théâtres, y compris les Funambules, et je me trouvais sans place.

Bertrand, que cette décision inattendue ruinait du coup, conserva cependant quelque temps l'espérance d'obtenir l'autorisation de rouvrir. Il appréciait mon talent, il m'aimait, je restai d'abord près de lui.

Mais enfin, cet état de choses menaçant de se prolonger indéfiniment, je dus songer à m'assurer une position. Mes succès avaient attiré l'attention de Franconi; je fus engagé par lui au cirque Olympique.

J'y fis un court séjour.

Quoique d'une importance relativement supérieure, et bien que j'y fusse traité comme l'enfant gâté de la maison, cette scène me faisait moins l'effet d'un temple consacré au culte de l'art dramatique, que de l'avant-cour d'une caserne. Je trouvais que la place qu'on y laissait au comédien était par trop restreinte, enclavé que je me sentais entre les chevaux et l'artillerie d'un côté, et les clowns et les ménageries de l'autre.

Un nouveau concours ayant eu lieu l'année suivante au deuxième Théâtre-Français, conseillé par Lafon, mon professeur, qui m'y engageait fortement, je me présentai de nouveau, et cette fois je fus reçu comme pensionnaire.

Après la *Mort de Kléber,* la *Prise de Berg-op-Zoom, La ferme des Carrières, Macbeth, La mort de Poniatowski,* et nombre de combats de moindre importance, je quittai l'infanterie française de Franconi, pour passer dans l'infanterie romaine de l'Odéon.

Mais là, pas plus qu'au faubourg du Temple, je ne me sentais sur mon véritable terrain.

J'y étais cependant engagé par cet excellent Picard, qui n'eût demandé qu'une chose, pouvoir faire de moi un chef d'emploi en aussi peu de temps que Napoléon en mettait à faire des généraux et des rois.

J'y passais mes soirées en compagnie de Joanny, de Duparray, d'Éric Bernard, de Monrose, de Ferville, de Lafon, mon cher et aimé maître ; Lafon le beau, le sémillant Lafon, l'émule de Talma, moins profond, mais plus brillant peut-être.

« Bravo, mon garçon ! me disait-il, un soir,
« qu'au milieu du foyer je déclamais en essayant
« d'imiter dans Achille son geste large et son
« éclatant accent méridional, sans m'aperce-
« voir qu'il était derrière moi : Bravo ! joue
« tous tes rôles comme cela, et tu ne peux
« manquer d'arriver. » . . . .

. . . .

. . . . . Une autre fois, il interpellait son perruquier, qui selon lui le coiffait trop en avant.

« Tu en veux donc bien à ce bon public,
« que tu me caches ainsi les épaules ? Allons,

« voyons, dégage un peu ce beau cou qui fait
« son admiration ! ». . . . .

J'étais à même d'y entendre aussi parler le
peintre David et Talma, qui venaient souvent
causer là de cette révolution du costume qu'ils
avaient pour ainsi dire faite ensemble.

Talma, le premier qui osa entrer sur la
scène, bras et jambes nus.

C'était dans *Marius à Minturnes*.

L'effet fut mauvais; on siffla !...

Un an plus tard, tout le monde se demandait
comment on avait pu si longtemps représenter
les Grecs et les Romains en perruques poudrées,
en culottes courtes, et en habits pailletés !...

. . . .

Et David, le plus grand anatomiste de son
siècle, David qui ne comprenait et n'admettait
que le nu.

« C'est très joli ! disait-il à Horace Vernet,
« qui lui soumettait l'esquisse d'un tableau de
« bataille; c'est très joli, toutes ces épaulettes-
« là... mais fais-moi donc une épaule ! »

*
* *

Mais quand, descendu sur la scène, il me fallait écouter immobile et silencieux, sous la sombre tunique de Pylade ou d'Arcas, les longues tirades d'Agamemnon et d'Oreste, le sang me bouillait dans les veines.

Malgré moi, j'aurais voulu parler...

Il me semblait que cette main du roi des rois, toujours posée sur mon épaule, comprimait mes ailes, et m'empêchait de les développer pour mesurer leur envergure.

VI

L'AUBERGE DES ADRETS

Telle était la situation d'esprit dans laquelle je me trouvais, quand je reçus de Messieurs Audinot et Sénépart, alors directeurs de l'Ambigu-Comique, l'offre d'un engagement pour leur théâtre.

« L'Ambigu, me dis-je, voilà le véritable
« terrain sur lequel il me sera réellement
« donné de pouvoir essayer mes forces ! »
J'acceptai.

J'y débutai au mois de mars 1823, par une reprise de *l'Homme à trois visages,* mélodrame assez ordinaire de Guilbert de Pixérécourt, dans lequel j'obtins néanmoins un succès très honorable, malgré le souvenir de Fresnoy qui avait créé le rôle en 1802.

Puis, vinrent successivement quelques ouvrages sans importance, et enfin *l'Auberge des Adrets*.

L'histoire de ce mélodrame sinistre transformé en une bouffonnerie, après avoir été conçu sérieusement par ses auteurs, a été tellement dénaturée, qu'il ne sera peut-être pas sans intérêt de donner la véritable origine de cette fantaisie, qui ne devait être que le prologue d'une comédie appelée dix ans plus tard à éveiller si fortement la susceptibilité de plus d'un Robert-Macaire en place, ou d'un Bertrand décoré.

Lorsque la lecture qui eut lieu au théâtre fut terminée, je partis découragé en songeant que ce rôle de Macaire devait être ma première création.

Comment faire accepter au public cette intrigue sombre et ténébreuse développée dans un style rien moins qu'académique? Comment, sans faire rire, rendre ce personnage grossièrement cynique, cet assassin de grand chemin, effrayant comme l'ogre du conte de Perrault, et poussant l'impudence jusqu'à se friser les favoris avec un poignard, tout en mangeant un morceau de fromage de gruyère !

Ce n'était même plus le mélodrame, usé, démodé, descendant un degré de plus vers l'oubli, où la loi de nature entraîne toute chose; c'était son effondrement soudain.

J'en étais arrivé à ne plus savoir vraiment à quel parti m'arrêter, lorsqu'un soir en tournant et retournant les pages de mon manuscrit, je me mis à trouver excessivement bouffonnes toutes les situations et toutes les phrases des rôles de Robert-Macaire et de Bertrand, si elles étaient prises au comique.

Je fis part à Firmin, garçon d'esprit, et qui comme moi se trouvait mal à son aise dans un Bertrand sérieux, de l'idée bizarre, folle qui m'avait traversé l'imagination. Il la trouva sublime ! Mais il fallait bien se garder de songer à proposer cette transformation aux auteurs convaincus d'avoir fait un nouveau Cid.

Bien résolus cependant à mettre, coûte que

coûte, notre plan à exécution, nous arrêtâmes, Firmin et moi, tous nos effets entre nous, sans en souffler un mot à personne, et le soir de la première représentation venu, nous fîmes notre entrée que nous n'avions même pas simulée aux répétitions.

*
* *

Quand on vit ces deux bandits venir se camper sur l'avant-scène dans cette position tant de fois reproduite, affublés de leurs costumes devenus légendaires ; Bertrand avec sa houppelande grise, aux poches démesurément longues, les deux mains croisées sur le manche de son parapluie, debout, immobile, en face de Macaire qui le toisait crânement, son chapeau sans fond sur le côté, son habit vert rejeté en arrière, son pantalon rouge tout rapiécé, son bandeau noir sur l'œil, son jabot de dentelle et ses souliers de bal, l'effet fut écrasant.

Rien n'échappa à la sagacité avide d'un public surexcité par ce spectacle nouveau et imprévu. Les coups de pied prodigués à Bertrand, la tabatière criarde de Macaire, les allusions de toutes sortes furent saisies avec une hilarité d'autant plus grande, que le reste de la pièce fut rendu par les autres artistes avec tout le sérieux et touté la gravité que comportaient leurs rôles.

Mlle Levesque y avait apporté, dans son personnage de Marie, l'épouse infortunée de Robert Macaire, la même conviction qu'elle avait mise deux ans auparavant dans sa création de *Thérèse ou l'orpheline de Genève*, et le consciencieux Baron y fut plein de bonhomie dans son malheureux Germeuil!

Les directeurs Audinot et Sénépart tenaient un succès auquel ils étaient loin de s'attendre, car ils avouèrent avec franchise, quelque temps après, qu'ils comptaient peu sur la pièce.

Les auteurs Benjamin Antier et Saint-Amand, qui devaient plus tard devenir mes collaborateurs dans Robert-Macaire, prirent

leur parti en hommes d'esprit et se conso-
lèrent d'autant plus facilement de n'avoir pu
faire répandre au public les larmes qu'ils
avaient rêvées, sans pouvoir arriver à les verser
eux-mêmes, en voyant les recettes s'élever tous
les soirs à un chiffre jusqu'alors inconnu.

Seul, leur troisième *complice*, un certain
docteur Polyanthe, auteur dramatique par circonstance, qui, s'il ne s'était pas fort heureusement arrêté, fut arrivé à tuer autant de
mélodrames que de malades, me voua une
rancune implacable.

Il allait criant partout que j'avais assassiné
sa pièce!

Celui-là, du moins, avait des entrailles de
père.

Ce succès inespéré, dû à une hardiesse
qu'aucun n'avait pu prévoir, avait attiré sur
moi l'attention de tous les mélodramaturges
du jour; il n'y en eut plus un seul qui ne
voulût désormais m'avoir pour interprète de
ses œuvres.

De là, une série de rôles qui pendant quatre ans ne discontinua pas. *Cardillac, Cartouche, Cagliostro*, *les ruines de la Granca, le Corrégidor*, et tant d'autres dont je n'entreprendrai pas de donner les analyses, me mirent successivement à même de me montrer avec bonheur sous différents aspects.

La presse commença à me discuter; les jours de première représentation où mon nom se lisait sur les affiches, un mouvement inaccoutumé se produisait dans les environs du théâtre dont les portes étaient envahies dès l'après-midi, et bientôt le public, toujours fidèle à ses enfants d'adoption, me décernait le titre de Talma des boulevards.

Certes, c'était le plus bel éloge que l'on pût faire alors d'un jeune homme, que de le comparer à cet esprit puissant.

VII

19 OCTOBRE 1826

Le hasard, ou plutôt ma destinée puisqu'elle devait en quelque sorte dépendre de cette rencontre, m'avait donné pour partenaire dans mes nombreuses créations, Mlle Sophie Hallignier, que les rares qualités dont elle avait fait preuve dans plus d'un rôle avaient mise en évidence au théâtre.

D'un talent plus correct que transcendant, les avantages physiques dont la nature l'avait douée la servaient à merveille. L'élégance et la noblesse de sa taille donnaient à sa démarche une allure sévère ; la courbe sculpturale de ses épaules soutenait une de ces têtes grecques dont la pureté de lignes rendait l'ovale du visage fier et hautain ; ses joues naturellement pâles, en faisant d'autant plus ressortir l'éclat de ses yeux noirs et brillants comme ses cheveux, eussent achevé de donner à l'ensemble de sa physionomie un aspect froid et dédaigueux, s'il n'eût été tempéré par le charme et la grâce du sourire.

C'était la fierté d'Hermione accouplée à la douceur de Chimène.

Nature tout opposée à celle de sa sœur, Mme Boulanger, Julie Hallignier, la sémillante Dugazon de l'Opéra-comique, dont l'allure vive, alerte, respirait l'enjouement et la gaîté. Ses traits plus esquissés que finis se noyaient dans le charme de sa gentillesse ; ses yeux bleus et provoquants, ses cheveux cendrés et bouclés, réalisaient bien ce type écossais rêvé pour représenter la blonde Jenny de Boïeldieu, dont elle fut la créatrice. Plus comédienne que musicienne, elle savait donner la vie à ses rôles, et possédait ce talent si rare chez la plupart des virtuoses, de mimer tout en chantant.

*
* *

Mlle Hallignier joua successivement avec moi le *Diamant*, le *Remords*, le *Cocher de Fiacre*, *Lisbeth ou la Fille du Laboureur;* enfin le *Vieil Artiste*, mélodrame en trois actes de moi, représenté le 26 août 1826, dans lequel elle remplissait le rôle de ma fille, et que j'écrivis pour elle.

Peut-être est-ce à cela qu'il dut son succès?

Toujours est-il que cette fréquentation de tous les instants, ce rapprochement de chaque jour, me firent bientôt reconnaître que j'étais réellement beaucoup trop jeune pour que je continuasse à demeurer longtemps son père. Elle m'avoua de son côté n'éprouver aucun éloignement à l'idée de changer d'emploi! Si bien que deux mois après, le 19 octobre, je la conduisais à l'église des Petits-Pères.

La sympathie qui s'attachait alors à nos deux noms avait réuni là ce que Paris pouvait compter d'artistes de toutes les classes, et nos fiançailles eussent été dignes de têtes couronnées, si une douloureuse nouvelle n'avait tout à coup interrompu cette journée.

Talma venait de mourir.

Il était huit heures du soir quand la nouvelle s'en répandit dans Paris.

Le bal qui allait commencer n'eut pas lieu, et chacun se retira consterné.

La maladie dont il souffrait depuis longtemps déjà, une inflammation intestinale, le tenait éloigné du théâtre depuis près de cinq mois.

Il avait joué *Charles VI* pour la dernière fois le 3 juin, et, à dater de ce jour, il n'avait plus reparu sur la scène.

Les médecins lui avaient ordonné le repos le plus absolu, avec l'espérance que ce dernier essai pourrait amener quelque changement dans son état, mais il n'en fut rien, et le mal poursuivit sa marche progressive, sans que cette nouvelle tentative apportât aucun soulagement à ses souffrances.

Jamais douleur ne fut plus unanime et plus profonde ; on eût dit que Paris tout entier pressentait un malheur, et que ce deuil, d'un grand artiste, était un deuil public.

Pendant tout le temps que dura sa maladie, jamais le public du Théâtre - Français n'eût laissé commencer le spectacle, si le régisseur n'était, auparavant, venu donner lecture du bulletin de santé de Talma, signé des médecins. Ces bulletins variaient rarement, et laissaient généralement peu d'espoir; quelques-uns, cependant, semblaient vouloir être plus rassurants; la veille de sa mort, entre autres, il signalait un mieux sensible. C'était, hélas ! la dernière lueur que laisse, derrière elle, notre âme en nous quittant.

Le lendemain, à midi, il rendait le dernier soupir, dans son hôtel de la rue de la Tour-des-Dames.

*
* *

Vingt-quatre heures après ses funérailles, qui eurent lieu au Père-Lachaise, la Comédie-Française se réunit en assemblée générale, et vota, *à l'unanimité,* l'érection d'un monument à la mémoire de Talma.

Le procès-verbal qui fut rédigé dans cette séance est peu connu.

Il me paraît touchant de le rappeler ici.

« L'assemblée générale de la Comédie-
« Française, légalement convoquée, et réunie
« sous la présidence de Monsieur le commis-
« saire du Roy, baron Taylor;
« Considérant que c'est à la Comédie-Fran-
« çaise, surtout, qu'il appartient de témoigner,
« par une preuve éclatante, le regret profond
« que la mort de Monsieur Talma cause généra-
« lement, et la haute admiration que ses talents
« ont inspirée à toutes les classes de citoyens,
« informée qu'une souscription destinée à éri-
« ger un monument à Monsieur Talma, a été
« ouverte, vendredi 20, par Messieurs les ré-
« dacteurs de *la Pandore*, mais n'oubliant
« point que, dès le jeudi 19, jour à jamais fu-
« neste pour la Comédie-Française, par la
« mort de son illustre membre, l'assemblée
« générale avait émis, unanimement, le vœu
« qu'un monument fût élevé à la mémoire de
« Monsieur Talma,

« Arrête, à l'unanimité :

« 1° La Comédie - Française souscrit pour
« une somme de douze mille francs au monu-
« ment qui sera élevé à la mémoire de Mon-
« sieur Talma ;

« 2° La Comédie-Française prie Monsieur le
« commissaire du roi, baron Taylor, de vou-
« loir bien se charger de tous les détails finan-
« ciers de cette affaire, tant dans l'intérieur de
« l'administration qu'au dehors, et régulariser
« le mode de payement auprès de la commis-
« sion formée pour faire exécuter le monu-
« ment ;

« 3° Une députation, nommée dans le sein
« de la Comédie, composée de MM. Baptiste et
« Lafon, se réunira, sous la présidence de
« Monsieur le commissaire royal, pour trans-
« mettre à Messieurs les rédacteurs de *la Pan-*
« *dore* le vœu de la Comédie, et s'entendre
« avec eux de manière à ce que la société
« ait l'initiative qui lui convient dans l'érection
« d'un monument à la gloire de l'homme cé-
« lèbre qu'elle s'honore d'avoir possédé pen-
« dant quarante ans ;

« 4° Le discours prononcé par Monsieur La-
« fon, aux obsèques funèbres de Monsieur
« Talma, sera imprimé aux frais de la Comé-
« die, au nombre de cinq cents exemplaires
« in-octavo.

« Paris, 22 octobre 1826.

> « Demousseau, Monrose, Saint-
> « Aulaire, Bourgoin, Rose
> « Dupuis, Paradole, Dupont,
> « Duchesnois, Émile Leverd,
> « Mmes Thousez, Menjaud. »

La Comédie-Française prouva dans cette
circonstance qu'elle savait du moins honorer
ses morts.

VIII

TRENTE ANS, OU LA VIE D'UN JOUEUR

Le traité qui me liait depuis quatre ans avec l'Ambigu étant expiré, je passai à la Porte-Saint-Martin où Victor Ducange venait de faire recevoir, par le baron de Mongenet, alors directeur, *Trente ans ou la Vie d'un Joueur*.

Ce drame, dont l'idée première appartenait à deux jeunes gens, Goubaux et Beudin, qui s'abritaient sous le pseudonyme, plus connu au théâtre, de Dinaux, après avoir été remanié et refait par Victor Ducange, était devenu l'œuvre la plus puissante qui eût encore été représentée au boulevard ; à tel point que les deux jeunes auteurs, convoqués à venir assister aux dernières répétitions seulement, eurent peine à reconnaître leur pièce, et offrirent de se retirer.

Victor Ducange, l'honneur et la loyauté personnifiés, s'y refusa, leur assurant qu'ils avaient largement fait leur part en lui apportant l'intrigue la plus émouvante qui lui eût encore été donné de développer.

Depuis longtemps déjà, Victor Ducange songeait à nous réunir, Mme Dorval et moi, et son drame du *Joueur* lui paraissait bien le cadre voulu pour réaliser son rêve.

Le caractère de Georges de Germany, quoique peu sympathique au premier abord, était largement tracé. C'était bien le joueur impatient, passionné, fougueux, se dégradant peu à peu, en passant successivement de la gêne à la misère, du vice au crime, et succombant, comme Œdipe, moins à ses instincts violents qu'à la fatalité.

Ces phrases, jetées dans le courant du rôle : « Ah ! si j'avais rencontré quelqu'un !... », opposées à celle-ci : « Pour ma famille ! », pouvaient devenir, pour le comédien, l'occasion d'autant d'effets.

Dorval, qui, depuis sa création des *Deux Forçats*, où elle s'était révélée, n'avait fait que monter toujours, fut admirable dans son personnage d'Amélie.

C'était la première fois que nous nous trouvions en présence, et je fus vivement impressionné par cette nature à la fois ardente et timide, par cet accent pénétrant et inspiré, par ces larmes qui débordaient réellement du cœur. Malgré moi je me sentais ému lorsque je la voyais à mes pieds, me prendre la main, et me dire, avec de véritables sanglots dans la voix :

« Georges, c'est ton bonheur et ma vie que je te demande à genoux ! »

C'était beau, c'était vrai, c'était déchirant.

Ce qui faisait de Dorval la comédienne par excellence, c'est que soit qu'elle eût à sourire ou à pleurer, soit qu'elle dût implorer ou menacer, elle était toujours femme.

*
* *

La première représentation, qui eut lieu le 19 juin 1827, avait pris toutes les proportions d'un évènement.

Non seulement Victor Ducange était alors le dramaturge en vogue et sans rival au boulevard, mais encore son caractère bienveillant et affable lui avait fait autant d'amis que de spectateurs.

Dorval avait ses admirateurs, comme je pouvais avoir mes partisans, impatients de me voir me dresser sur ce nouveau terrain.

Le succès fut unanime, immense, et auteurs et artistes purent amplement glaner dans cette riche moisson de bravos prodigués par un public affolé d'enthousiasme.

Dès ce moment, les auteurs ne voyant plus de succès possible sans Dorval et sans moi, ne firent plus de pièces que pour nous.

De là, *la Fiancée de Lammermoor, le Chasseur*

noir, Rochester, l'Écrivain public, Sept heures, Faust, mauvaise traduction de Gœthe, dans laquelle le rôle de Méphistophélès, qui m'était échu, était d'une nullité tellement désespérante, que je ne trouvai rien de mieux, pour arriver à lui donner un peu d'importance, que d'y introduire une sorte de *valse infernale* que je composai en compagnie de Coralie, et du diable en personne, je crois... et à laquelle, la pièce d'Antony Béraud une fois morte, je rendis plus tard une seconde vie, en l'introduisant, comme intermède, dans *l'Auberge des Adrets.*

Cette avalanche de créations nous porta, Dorval et moi, d'année en année, jusqu'en 1830, tant à la Porte-Saint-Martin qu'au théâtre de l'Ambigu, reconstruit après l'incendie du boulevard du Temple, sur l'emplacement qu'il occupe aujourd'hui, et où, me trouvant alors directeur de la scène, je fis engager Dorval pour y créer ensemble *Péblo ou le Jardinier de Valence,* mélodrame en trois actes de Saint-Amand et Jules Dulong, tiré d'une des plus jolies nouvelles de Charles Nodier, et dont le succès ne fut interrompu que par la révolution de Juillet qui amena la faillite.

C'est là le lot le plus clair des révolutions; avant de savoir qui elles enrichiront, elles commencent par ruiner tout le monde.

IX

INCENDIE DU THÉATRE DE L'AMBIGU

Mon départ du théâtre de l'Ambigu, pour aller créer *Trente ans ou la Vie d'un Joueur* à la Porte-Saint-Martin, n'avait pas entraîné pour cela la résiliation de l'engagement de Mme Lemaître, qui continuait toujours à faire partie des pensionnaires de MM. Audinot et Sénépart. L'état de grossesse avancée dans lequel elle se trouvait l'obligeait seulement à se tenir pour quelque temps éloignée de la scène. On répétait même un drame en trois actes de moi, *la Tabatière*, auquel je travaillais encore, et qui devait passer prochainement.

De graves intérêts m'attachaient donc toujours à l'Ambigu, lorsque, dans la nuit du 13 au 14 juillet, le théâtre brûla.

Il était dix heures du soir, et je terminais seulement le quatrième acte de *Trente ans*, quand j'en reçus la nouvelle.

Mon premier soin fut d'envoyer immédiatement faire dire à ma mère, que j'avais prise avec moi dès le jour de mon mariage, et qui depuis ne m'a jamais quitté, qu'elle tînt soigneusement la chose secrète jusqu'à mon arrivée, afin d'éviter à ma femme une émotion qui, en raison de sa position, pouvait avoir de graves conséquences.

Aussitôt la représentation achevée, ce qui ne tarda pas comme bien l'on pense, car le public lui-même avait en grande partie abandonné la salle en apprenant le sinistre, j'accourus chez moi.

Selon ma recommandation, Sophie ignorait ce qui se passait.

Je le lui appris en peu de mots, et pour ne pas l'effrayer, je me bornai à lui dire que le feu avait pris tout bonnement dans les magasins de décors; mais que désireux cependant de m'assurer par moi-même de ce qui en était au juste, je me proposais d'aller jusque-là, ajoutant qu'elle pouvait être tranquille et que je serais prudent.

Après mille hésitations, elle consentit à me laisser sortir en m'avouant qu'elle avait dans sa loge quelques bijoux renfermés dans le tiroir d'une toilette, et que, si je pouvais les avoir sans m'exposer, bien entendu , ce serait toujours autant de sauvé.

*
* *

Au moment où j'arrivais devant le théâtre, une haute colonne de flammes perçait déjà la toiture, éclairant le boulevard du Temple d'une lueur sinistre. Ce n'est qu'à grand'peine qu'il me fut possible de me frayer un passage à travers la foule, et que je pus parvenir jusqu'à la rue des Fossés-du-Temple pour gagner l'entrée des artistes.

On avait justement fait relâche le soir pour répéter généralement *la Tabatière,* et le feu, occasionné par une fusée qui était venue se loger entre les frises, s'était déclaré dans le cintre.

Comme la loge de ma femme était située à l'entresol et sur les derrières du bâtiment, je pus facilement m'engager sous l'allée, et franchir d'un bond les quelques marches qui m'y conduisaient. Dans ma précipitation, j'avais oublié de lui demander la clef de sa toilette ; la serrure était solide, je n'avais rien sous ma main dont je pusse me servir pour la forcer ; sans perdre un temps précieux à chercher, j'enfonçai d'un coup de talon l'un des tiroirs, et l'écrin que je venais chercher fut justement la première chose qui se présenta à mes yeux.

J'allais me retirer, quand l'idée me vint qu'il pourrait bien s'y trouver encore quelques objets de valeur, et sans approfondir la chose davantage, je résolus de sauver le tout ; la loge, je l'ai dit, n'était qu'à l'entresol ; j'ouvris la fenêtre, et chargeant le meuble sur mes épaules, je le lançai dans la rue. Il tomba à deux pas du commissaire de police qui justement se trouvait là, et poussa un juron formidable dont le souffle eût dû à lui seul éteindre l'incendie.

Abandonnant le reste à la grâce de Dieu, je

descendis rapidement l'escalier qu'une épaisse fumée envahissait déjà.

*
* *

Quand je revins le lendemain matin, tout était fini.

Des débris de toutes sortes, des barres de fer tordues par la flamme, des poutres aux trois quarts brûlées, gisaient pêle-mêle sur un monceau de cendres encore fumantes. Près de la loge du concierge que le feu avait épargnée, je retrouvai ma toilette au milieu d'objets de toute nature que surveillait scrupuleusement un garde. A quelques pas plus loin, dans la loge même, et sous une espèce de soupente, était un brancard recouvert d'une couverture qui cachait, venait-on de me dire, le corps d'un pompier tombé du haut d'un mur qui s'était écroulé pendant l'incendie, en lançant le malheureux au milieu du brasier.

Je fus poussé malgré moi par le désir de savoir ce que pouvait être devenu un corps ainsi carbonisé. Je m'avançai doucement et après avoir soulevé avec précaution un coin de la couverture, je l'aperçus. Il était noir et pétrifié comme ces momies égyptiennes placées derrière les vitrines d'un musée d'anatomie, et réduit à la dimension d'un squelette d'enfant.

Comme je m'abandonnais à mes réflexions plus ou moins philosophiques sur le peu que nous sommes, hélas ! la vue de ce spectacle me reporta à la scène du cimetière d'Hamlet, et déjà je murmurais le rêveur « *To be or not to be!* » quand je me sentis tout à coup frapper rudement sur l'épaule, et une voix de basse-taille superbe me cria en même temps :

« On ne touche pas à ça ! »

Rappelé spontanément à la réalité, je me retournai et me trouvai face à face avec un énorme pompier qui, fort poliment du reste, m'invita du geste à m'éloigner, ce que je m'empressai de faire aussitôt, sans lui donner, je l'avoue, la peine de me le répéter une seconde fois.

Telle fut ma dernière visite sur ces décombres où Robert-Macaire avait pris naissance, et où semblable au phénix qui renaît de ses cendres, il était destiné à ressusciter six ans plus tard, au théâtre des Folies-Dramatiques bâti sur le même emplacement.

*
* *

Le mois de juillet devait dater dans ma vie, et être fécond en émotions violentes.

Quinze jours après, ma femme était prise des douleurs de l'enfantement.

L'accouchement fut terrible; il dura trois jours, et pendant vingt-quatre heures, Poulletier, non seulement le médecin, mais encore l'ami de la famille, et les chirurgiens qui l'assistaient, n'osèrent me répondre ni de la mère ni de l'enfant.

Enfin, Dieu me prit en pitié, il me les conserva tous deux.

J'eus un fils que j'appelai Frédérick, comme moi. Il est là, je lui dicte, et je m'appuie sur lui. Quelque temps après, ma chère Sophie me donnait une fille, ma belle Caroline ! Et l'année suivante Charles, mon pauvre Charles, qui lui aussi devrait être là pour me fermer les yeux quand sonnera mon heure, si la Nature n'avait jugé à propos d'intervertir les rôles !

X

RETOUR A L'ODÉON

La faillite de l'Ambigu, causée par la révolution de 1830, m'ayant rendu ma liberté, je pus accepter les propositions de Harel qui vint m'offrir un engagement pour l'Odéon.

Homme d'esprit et d'imagination, Harel, dont la position comme directeur du second Théâtre-Français était des plus brillantes, dut la perte de cette position à l'influence de Mlle Georges dont l'orgueil excessif devint plus tard la cause de sa ruine.

. . . . Sacrifiant tout à son amour-propre, Georges ne pouvait souffrir auprès d'elle rien qui pût lui porter ombrage.

Autant la nature s'était montrée prodigue envers Dorval en la dotant de l'âme et du cœur de l'artiste, autant Georges, malgré le talent puissant qu'on ne saurait lui contester, avait été déshéritée de l'un et de l'autre. L'inertie de Harel devant la volonté impérieuse de cette femme l'amena dans maintes circonstances à employer des expédients auxquels il n'eût peut-être pas eu recours, s'il eût conservé son libre arbitre.

Les suites de nos rapports, qui me placèrent dans plus d'une occasion, entre la faiblesse de l'homme et la vanité de la femme, achèveront de les dépeindre l'un et l'autre.

*
* *

Après un beau début dans Procida des *Vêpres Siciliennes* de Casimir Delavigne, vinrent les reprises d'*Othello* et de *Manlius;* puis la création de *la Mère et la Fille*, comédie en cinq actes de Mazères et Empis, une des œuvres les plus remarquables du théâtre moderne.

Le rôle de Duresnel, écrit avec une rare

habileté, non seulement n'enlevait rien à la dignité du magistrat pour le couvrir du ridicule qui s'attache d'ordinaire aux péripéties d'un mari trompé, mais encore l'amour immense de cet homme pour ses enfants n'en relevait que plus la noblesse du personnage, et ne rendait le drame que plus intéressant.

*
* *

Enfin, arriva le *Napoléon* d'Alexandre Dumas, cette longue épopée de l'Empire, qui dut peut-être moins son succès au mérite de l'œuvre par elle-même, qu'à ce retour d'enthousiasme qui se réveilla tout à coup pour celui qui depuis dix ans dormait couché sous l'ombre du saule pleureur de Sainte-Hélène.

Représenter cette grande figure de Napoléon encore vivante dans toutes les mémoires, sans amoindrir l'image grandiose de ce génie, était une lourde tâche. Pas un de ceux qui jusqu'à ce jour avaient cherché à le copier ne l'avait compris selon moi. Les uns ou les autres en faisaient une sorte de bredouilleur, de hurluberlu, quelquefois même de brutal, qui ne devait ressembler en rien à l'idéal que je me souvenais avoir aperçu tout enfant dans la classe de mon père, et que depuis j'avais revu tant de fois dans les rues, sur les places, dans mes rêves.

J'eus l'idée de m'adresser à l'un de ces rares privilégiés à qui il avait été donné de vivre dans l'intimité de l'Empereur, et muni d'une lettre de recommandation, je me présentai chez le duc de Bassano, qui me reçut avec la courtoisie qu'apporte un grand seigneur artiste à recevoir un autre artiste.

Lorsqu'on m'eut introduit dans son cabinet, et qu'il m'eut fait signe de m'asseoir après être venu au-devant de moi, je lui expliquai en quelques mots le but de ma visite.

Il parut m'écouter avec intérêt, et quand j'eus fini de parler, il se leva, et, se dirigeant vers une colonne en marbre noir dont la base reposait au milieu de la chambre, sur un socle en velours, il souleva un voile de crêpe, et me découvrant le buste de Napoléon :

« Tenez ! me dit-il, le voilà ! »

C'était une belle reproduction du magnifique marbre de Canova.

Puis, étant venu se rasseoir à sa place, ce ne fut pas sans une certaine émotion qu'il prit la parole à son tour.

*
* *

« Vous avez raison, monsieur Frédérick
« Lemaître, me dit-il, d'ajouter peu de crédit
« à toutes ces prétendues imitations qui sont
« aussi loin de lui ressembler, que la fiction
« est loin de la vérité, et il appartenait à
« un artiste de votre valeur d'entrer dans ces
« détails. Il est aussi difficile de chercher à
« copier le génie, qu'il est défendu d'y prétendre
« quand la nature vous en a déshérité. Le génie
« ne s'apprend pas, Dieu le donne. Les élus
« qu'il en a dotés auraient-ils le temps de tout
« approfondir s'ils nè savaient déjà ?

« Napoléon n'ignorait rien ; d'un coup d'œil
« il embrassait le monde ; d'un regard il devi-
« nait un homme. Chez lui la parole était brève,
« mais posée. On croyait qu'il parlait vite,

« parce qu'il disait beaucoup de choses en peu
« de mots. Dès le premier jour, il avait compris
« sa mission, qui était d'apaiser la tourmente ;
« mission d'autant plus grande, que les masses
« sociales étaient descendues plus bas.

« Religion, législature, sciences, arts, il a
« tout rétabli, il a tout réédifié, il a tout ressus-
« cité. Il eût créé le monde s'il ne l'eût pas
« trouvé ! Et pour parler théâtre, puisque tel
« est le thème de notre conversation, il a rédigé
« le décret de Moscou.

« Je suis allé, il y a quelques jours, au théâtre
« de la Porte-Saint-Martin, ajouta le duc de Bas-
« sano en souriant, pour voir monsieur Gobert,
« dont j'entendais beaucoup parler, dans *Napo-
« léon à Schœnbrünn*. Sa parole saccadée et sa
« façon de prendre du tabac, le dos voûté et la
« tête toujours baissée, sembleraient faire croire
« qu'il n'a jamais aperçu l'ombre de l'Empereur
« dont il fait ainsi une sorte de Cassandre épi-
« leptique. Quand Napoléon se tenait debout,
« son geste était si large et sa tête si haute qu'il
« emplissait l'espace.

« Évitez de tomber dans ces travers, monsieur

« Frédérick. Au surplus, je vous connais, je
« vous ai applaudi plusieurs fois ; il y a une
« certaine analogie entre sa nature et la vôtre,
« vous pouvez lui ressembler.

Et comme je me levais pour me retirer, il
ajouta tout en m'accompagnant :

« Ah ! dans la scène des adieux de Fontaine-
« bleau, ne commettez pas la même erreur que
« David qui le représente sur son tableau avec
« une culotte blanche ; il avait une culotte
« bleue. »

Je lui demandai l'explication du fait qu'il
me citait :

« Napoléon, me répondit-il, portait toujours
« sur sa poitrine un certain poison renfermé
« dans un sachet. Dans la nuit qui précéda les
« adieux à sa garde, il avait tenté de s'empoi-
« sonner. Heureusement le toxique avait perdu
« de sa force, et ne fit que l'indisposer forte-
« ment. »

« Au moment de descendre dans la cour, on
« chercha dans sa garde-robe, et comme toutes
« les caisses étaient parties, on ne trouva plus

« qu'une culotte de drap bleu que l'on recon-
« nut pour être celle qu'il portait à Marengo. »

Puis il ajouta :

« Bon succès, monsieur Frédérick, j'irai
« vous applaudir. »

Il me reconduisit jusque sur le seuil de sa
porte, et je quittai l'hôtel.

*
* *

Pendant le cours des représentations de *Bonaparte* à l'Odéon, Harel avait entamé des
pourparlers avec Crosnier, directeur de la
Porte-Saint-Martin qui voulait vendre son
théâtre pour prendre l'Opéra-Comique.

Le romantisme était alors à son apogée.

Les succès de mademoiselle Mars dans *Hernani*, et de madame Dorval dans *Marion Delorme* et *Antony*, troublaient le sommeil de
Georges ; il lui fallait à elle aussi une scène sur
laquelle elle pût mettre de côté le peplum, pour
prendre part à la grande révolution littéraire
qui s'accomplissait. Victor Hugo et Alexandre
Dumas paraissaient peu disposés à venir en-

terrer leurs drames dans ce dernier refuge de la caducité classique ; la Porte-Saint-Martin semblait bien à Georges le véritable terrain sur lequel elle pourrait régner en souveraine.

Le théâtre fut acheté quatre cent mille francs.

Le prix était fabuleux, mais Georges voulait, Harel dut se soumettre et obéir.

Dès ce moment, toutes les aspirations de Harel se tournèrent vers la Porte-Saint-Martin. Sa grande préoccupation était de trouver un ouvrage capable de le mettre à même de faire une brillante ouverture, mais c'est vainement qu'il avait déjà frappé à toutes les portes ; il n'avait pas encore rencontré ce qu'il cherchait.

*
* *

On venait de commencer les répétitions de *Richard d'Arlington*, drame primitivement reçu et destiné à être joué au second Théâtre-Français. C'était une œuvre puissante dont l'idée première appartenait à Goubaux et Beudin, les auteurs de *Trente ans*.

Nous nous retrouvions en présence de ces deux jeunes écrivains, que leur premier succès avait encouragés à travailler ; seulement cette fois, Alexandre Dumas, à qui ils avaient porté leur drame, avait pris la place de Victor Ducange et était devenu leur collaborateur.

— Pourquoi ? demandai-je un jour à Harel qui m'avait confié le résultat jusqu'alors négatif de ses démarches, pourquoi ne vous réservez-vous pas la création de *Richard d'Arlington* pour ouvrir la Porte-Saint-Martin ? Vous trouverez peu d'œuvres de cette valeur, et je ne sais même pas si la hardiesse du sujet et la vigueur avec laquelle il est traité, ne le placeraient pas mieux là devant son véritable public ?

Harel bondit en m'écoutant.

— Quelle idée ! s'écria-t-il ; je n'y avais pas songé ; nous en causerons avec Dumas.

Ce qui fut dit fut fait ; les auteurs accueillirent cette ouverture avec empressement, et dès ce moment, il ne fut plus question que de *Richard d'Arlington* pour inaugurer la Porte-Saint-Martin.

Ne cherchant qu'à gagner du temps en attendant la clôture de l'Odéon, Harel monta successivement : l'*Abbesse des Ursulines, Nobles et Bourgeois*, de Frédéric Soulié ; *Médicis et Machiavel*, drame en trois actes, assez terne de Pélissier ; enfin la *Maréchale d'Ancre*, d'Alfred de Vigny, belle pièce, le chef-d'œuvre de son théâtre sans contredit, mais dans laquelle j'avais un rôle ingrat.

*
* *

Cette mutation directoriale entre Crosnier et Harel était le sujet de toutes les causeries parisiennes, et l'ouverture de la Porte-Saint-Martin avec celui-ci avait pris toutes les proportions d'un véritable évènement.

La pièce de *Richard*, scrupuleusement étudiée jusqu'au dernier moment dans ses moindres détails, était devenue une œuvre magistrale. La scène entre Richard et le roi, entièrement écrite par Goubaux, et détaillée avec un tact machiavélique de la plus haute portée, eût suffi à elle seule pour décider du succès. C'était bien le caractère de l'ambitieux, ne s'arrêtant devant rien, pas même devant le meurtre de sa femme pour satisfaire sa soif des grandeurs ; se vendant au pouvoir après l'avoir sapé systématiquement en s'appuyant pour arriver, sur le peuple, ce bon peuple qui s'y laisse toujours prendre, et se tournant ensuite contre lui une fois qu'il est parvenu !

Le succès fut colossal, et la soirée du 10 décembre 1831, inaugura d'une façon éclatante cette direction appelée à traverser par la suite tant de phases diverses.

*
 * *

Mais Georges n'avait pas fait acheter la Porte-Saint-Martin quatre cent mille francs, uniquement pour assister de sa loge au succès des autres ; il lui fallait son tour : il vint avec *la Tour de Nesle,* ce drame de cape et d'épée, resté depuis cinquante ans le modèle du genre.

Mais avec lui commencèrent ces intrigues de coulisses qui devaient, je le répète, devenir la cause de la ruine de Harel.

Dès les premiers jours, Alexandre Dumas

et Frédéric Gaillardet se trouvèrent en présence de Jules Janin, devenu l'ami indispensable de la maison, et l'organe tout-puissant de la direction.

Il avait bien fallu mettre à tout prix la presse dans son jeu.

« On trouvait certainement le rôle de Marguerite de Bourgogne magnifique, mais celui de Buridan était aussi bien beau, et dame, il ne fallait pas que les effets de celui-ci vinssent nuire aux effets de celui-là ! Après tout, c'étaient les débuts de mademoiselle Georges, et il était tout naturel qu'elle eût la part la plus large. »

Et, quoique les auteurs eussent eux-mêmes besoin de ménager le critique influent, ils durent plus d'une fois rompre en visière, pour s'opposer à la mutilation de leur drame.

La pièce venait d'être mise en répétition, et le rôle de Buridan m'avait été distribué. Moins débonnaire, je l'avoue, je me sentais peu disposé à me laisser ainsi sacrifier à de semblables exigences, et pour résumer la situation par un mot d'Alexandre Dumas, on se demandait qui l'emporterait de la reine ou du premier ministre, quand le hasard vint les servir à propos.

*
* *

Le mercredi des Cendres, il y avait environ un mois de cela, le choléra avait fait pour la première fois son apparition à Paris; on avait signalé plusieurs cas dans les hopitaux, et depuis ce moment le nombre des victimes ne faisait qu'augmenter chaque jour.

Un soir, en sortant du théâtre, je fus atteint par l'épidémie avec une violence telle, que pendant cinq jours, je restai entre la vie et la mort.

Quand Poulletier, et les médecins du théâtre crurent pouvoir répondre de moi, leur premier soin fut de me recommander d'aller passer ma convalescence à la campagne.

Comme on attribuait alors le principe générateur de cet horrible mal, dont on ignore même encore aujourd'hui la véritable cause, à l'empoisonnement de l'atmosphère, la chose que les docteurs prescrivaient avant tout à ceux qui avaient le rare bonheur d'en guérir, c'était de changer d'air.

Ne voulant pas m'éloigner de Paris dans l'espoir de reprendre d'un jour à l'autre mes répétitions de la *Tour de Nesle* à la Porte-Saint-Martin, je louai à Saint-Mandé une petite maison où j'installai ma femme et ma mère avec les enfants, que j'étais heureux de soustraire ainsi au fléau sous lequel je tremblais de les voir succomber à leur tour.

Mais Harel et Georges, loin d'attendre le terme de cette convalescence, saisirent au contraire avec empressement l'occasion qui se présentait de me reprendre le rôle.

Georges supposait-elle que l'influence de son nom sur le public du boulevard devait amplement suffire à la réussite du drame? Le succès de *Richard* lui avait-il porté ombrage? Bref, quelques jours après, Bocage était engagé pour créer Buridan à ma place, sans que les auteurs eussent eu l'énergie de protester contre un pareil procédé, en imposant leur premier choix.

La pièce fut jouée le 29 mai.

Mais le succès de la première représentation fut de courte durée.

Huit jours après, le 5 juin, on fusillait sur les boulevards, et les théâtres étaient obligés de faire relâche.

XI

LA PESTE ET LA GUERRE CIVILE

Les républicains avaient profité de l'enterrement du général Lamarque pour tenter une
échauffourée dont l'issue fut nulle parce que le
point de départ était insensé, et qui n'eut pour
résultat que de jeter la consternation dans
Paris, et le deuil dans les familles que la peste
avait paru vouloir épargner.

Dès dix heures du matin, les insurgés, qui
avaient arrêté le projet de transférer le corps
du général au Panthéon, se réunirent sur la
place de la Concorde et dans les rues Royale
et Saint-Honoré, jusqu'à la maison mortuaire.

Là, commencèrent des actes d'hostilité contre
les sergents de ville qui passaient sur la place,

et ceux-ci eurent à peine le temps de se réfugier dans le jardin des Tuileries, que déjà des cris de : *Vive la République!* se faisaient entendre.

A la hauteur de la place Vendôme, les insurgés détournèrent de vive force le convoi de l'itinéraire fixé pour lui faire faire le tour de la place, et le cortège continua sa route jusqu'à la Bastille.

Là, il s'éleva quelques discussions entre les assistants; les uns voulaient qu'on s'y arrêtât pour prononcer des discours; les autres ne voulaient faire aucune halte. Ceux-ci l'emportèrent pour l'instant, mais au bout du boulevard Bourdon, devant le pont du canal qui fait face au grenier d'abondance, incendié depuis par la Commune de 1871, l'exaltation longtemps contenue éclata, et le mot d'ordre convenu : *Au Panthéon!* décida le mouvement.

Aussitôt des coups de feu tirés d'une embuscade devinrent le signal de la lutte; la troupe riposta par une décharge, et les insurgés se dispersèrent.

Dans leur retour par les boulevards, ils désarmèrent deux postes; l'un établi à la Galiote, boulevard du Temple ; l'autre au Château-d'Eau, boulevard Saint-Martin. Ils marchaient aux cris de : *Vive la liberté ! Vive la République !* et précédés d'un bonnet rouge planté sur une pique.

De là, ils se portèrent sur plusieurs points où ils parvinrent à désarmer d'autres postes ; celui de la garde municipale sur la place de la Bastille, celui du Châtelet, celui du marché des Carmes, celui de la Poudrière dans laquelle ils pillèrent une certaine quantité de poudre.

Dans le même moment, des attaques étaient faites aux barrières des boulevards extérieurs où d'autres postes étaient désarmés.

Un de ces rassemblements était commandé par un élève de l'École polytechnique.

Ils recoururent également aux barricades ; ils en établirent successivement rue Galande, place Maubert, rue de la Montagne, rue des Amandiers, rue Saint-Victor, rue Mouffetard, et à l'angle de la rue de la Verrerie et des Arcies.

Dans la soirée, des engagements eurent lieu aux environs du quartier Montmartre, et des portes Saint-Denis et Saint-Martin, pendant que d'autres détachements cherchaient à faire des diversions du côté de l'Odéon et des Halles.

Leur dessein était de prolonger la lutte dans la nuit pour profiter de l'obscurité créée par le bris des réverbères.

A onze heures, ils pillèrent la boutique de Just, armurier, rue Saint-Honoré, numéro 137, d'où ils emportèrent cent trente armes à feu, et cent trente armes blanches.

A minuit, la troupe de ligne et la garde nationale étant venues s'emparer des positions, tout redevint tranquille, en apparence du moins, jusque vers les quatre heures du matin.

Le lendemain, le foyer de l'insurrection semblait s'être concentré aux environs de l'église Saint-Méry, dans laquelle près de deux mille personnes de tout sexe et de tout âge s'étaient barricadées, et où elles n'avaient cessé de sonner le tocsin pendant toute la nuit.

Les rues des Arcies et Saint-Martin avaient été hérissées de barricades ; des pavés, des poutres, des voitures renversées, des débris de toutes sortes, défendaient l'accès des rues environnantes.

Vers midi, le général Sébastiani reconnut, à la tête de deux compagnies d'infanterie, cette position d'où plusieurs colonnes déjà avaient été repoussées, et, deux heures après, il faisait déboucher, du quai dans la rue des Arcies, une colonne, sous les ordres du général Leydet.

Pendant ce temps, un bataillon du 42e, dont Bugeaud était alors colonel, débouchait par la rue de la Verrerie ; une seconde colonne, du même régiment, se présentait dans la rue Saint-Méry ; les maisons, d'où l'on faisait feu, étaient enlevées d'assaut, et tout ce qui tentait de se défendre était tué sur place.

Alors commença le siège de l'église, dont les portes furent enfoncées à coups de canon, et tous ceux qui s'étaient réfugiés là, hommes, femmes, enfants, vieillards, furent passés par les armes.

Ce fut un carnage horrible.

Six semaines après l'église sentait encore le sang.

A la même heure, rue Transnonin, quelques coups de feu étant partis d'une maison, les soldats se précipitèrent dans la boutique de Doyen, peintre décorateur, directeur d'un petit théâtre de société, et là, tuèrent, sans plus amples informations, tous les malheureux artistes qui, en ce moment, répétaient paisiblement une tragédie. Le vieux concierge, qu'une longue maladie retenait depuis trois mois dans son lit, fut la première victime offerte à la fureur des troupes.

Dans le renfoncement de cette haute maison, sans façade ni fenêtres, qui a si longtemps formé l'angle de la rue Saint-Martin et du boulevard Saint-Denis, et sur le mur de laquelle le propriétaire, qui se refusait à la vendre pour la faire rentrer dans l'alignement, avait tracé ces mots en gros caractères : « Cette maison est à moi comme Paris est au roi ! » ; dans ce renfoncement trois jeunes gens furent fusillés, à six heures du soir, et leurs corps, qui, en s'affaissant l'un sur l'autre, avaient formé comme une sorte de croix, ne furent relevés que fort tard dans la nuit.

Les gardes nationaux de la banlieue et des environs, ayant eu connaissance des désordres qui régnaient dans Paris, voulurent venir au secours du gouvernement, mais les malheureux avaient tellement fait abus de vin et d'eau-de-vie, tout le long de la route, que lorsqu'ils arrivèrent sur la place du Châtelet, ils étaient dans un tel état d'ivresse qu'ils se trouvèrent dans l'impossibilité de riposter aux coups de feu qu'on leur envoyait des maisons voisines.

Le lendemain toutes les femmes descendirent dans Paris, et ce fut sous des portes cochères, où l'on avait déposé les victimes, au milieu des morts, des mourants, et même des cholériques, que ces infortunées vinrent chercher leurs époux et leurs fils.

*
* *

Le soir, sur un rapport adressé au roi par M. de Montalivet, ministre de l'intérieur, l'ordonnance suivante était affichée sur tous les murs :

ORDONNANCE DU ROI.

« *Louis-Philippe,* roi des Français,

« A tous présents et à venir, salut;

« Considérant que des attroupements sédi-
« tieux se sont montrés en armes dans la capi-
« tale ; que leur présence a été signalée par
« des attentats contre les propriétés publiques
« et privées, et par des assassinats contre les
« gardes nationaux, la troupe de ligne, la
« garde municipale et les agents de l'autorité
« publique; qu'il importe de protéger, par des
« mesures promptes et énergiques, la sûreté
« publique contre le retour de semblables at-
« tentats ;

« Sur le rapport de notre ministre secré-
« taire d'État, au département de l'intérieur;

« Nous avons ordonné et ordonnons ce qui,
« suit :

« Article 1er. — La ville de Paris est mise
« en état de siège; néanmoins, il n'est rien

« dérogé aux dispositions relatives au com-
« mandement et au service de la garde natio-
« nale.

« Article 2. -- Notre ministre secrétaire
« d'État au département de la guerre, et notre
« ministre secrétaire d'État au département de
« l'intérieur, sont chargés de l'exécution de la
« présente ordonnance.

« Au palais des Tuileries, le 6 juin 1832.

« LOUIS-PHILIPPE.

Par le Roi :
« *Le ministre secrétaire d'Etat au département de
l'intérieur,*

« MONTALIVET. »

Vingt-quatre heures après on lisait dans le
Moniteur officiel :

« L'ordre et la tranquillité sont rétablis. »

C'était la première fois que Paris était mis
en état de siège. Beaucoup de personnes igno-
raient encore ce que cela signifiait, et restaient
terrifiées quand on leur répondait :

« C'est le droit de fusiller sans jugement. »

*
* *

Le choléra, qui, vers la fin du mois de mai, ne frappait plus que quelques rares victimes, avait reparu, dans les premiers jours de juin, avec une violence telle, que les corbillards ne suffisant plus pour faire le service, on voyait dans les rues et sur les boulevards des tapissières s'arrêter devant les maisons et ramasser, sous les allées, les cadavres qu'on y déposait.

On signalait, dans les hôpitaux, jusqu'à quinze et dix-huit cents cas par jour.

La consternation était dans Paris.

Chacun marchait morne et silencieux, tremblant de rentrer chez soi dans la crainte d'y apprendre un malheur; on tombait frappé par le mal sur le seuil de sa porte.

Quelques plaisants, seuls, s'arrêtaient devant les civières qu'ils rencontraient pour demander :

— Est-ce un *bédouin?*

Nom que l'on donnait alors aux républicains.

Ce à quoi les porteurs répliquaient :

— Non ! c'est un *cholérique*.

Et chacun continuait sa marche.

*
* *

Je demeurais alors boulevard Saint-Martin, n° 8, dans la même maison où Paul de Kock est mort, après avoir habité cinquante ans son petit entresol, si bas, que les jours où il restait appuyé sur sa fenêtre, comme un rayon de belle humeur, après avoir jeté sur le papier quelques pages joyeuses, les amis, qui passaient, pouvaient presque lui tendre la main et répondre à l'invitation, qu'il ne manquait jamais de leur adresser, de monter avec lui jusqu'à sa petite maison de Romainville.

J'occupais l'appartement du quatrième étage, et il n'était pas de jours que nous ne nous rencontrions, soit sur le boulevard, soit dans notre escalier.

Pendant ces jours d'émeutes, les enfants étaient restés à Saint-Mandé, avec leur mère et leur grand'mère, et je me trouvais seul à Paris. Serres, qui avait passé toute la matinée chez Bellanger, dans le café de la Porte-Saint-Martin, était monté à la maison, avec Provost, vers les trois heures, et tous deux étaient restés à dîner avec moi.

A six heures, comme nous allions nous mettre à table, nous fûmes attirés aux fenêtres par ce bruit sec, ce crépitement que produit le galop des chevaux frappant le pavé de leurs fers.

C'était un escadron de lanciers chargeant à fond de train dans la direction de la Porte-Saint-Denis.

Comme nous nous penchions en dehors, pour essayer de voir sur qui pouvait être dirigée cette reconnaissance, nous aperçûmes en ce moment, au coin de la rue Saint-Martin, deux malheureux traînés par une vingtaine de gardes nationaux qui les couchèrent en joue après les avoir violemment collés au mur.

Le plus jeune paraissait avoir une quinzaine d'années. Je le vois encore, la tête nue, le visage pâle; sa blouse blanche arrachée laissait sa poitrine découverte; il s'était mis à genoux et tendait ses mains comme pour demander grâce.

Il tomba le premier.

*
* *

Sans rechercher qui pouvait avoir tort ou raison, nous eussions voulu nous élancer au secours de ces deux malheureux que vingt hommes égorgeaient, et malgré moi je me pris à songer, en voyant s'éloigner ces furieux, laissant là leurs victimes, et s'en allant en titubant, moins sous l'action de la poudre que sous celle de l'ivresse, à cette sauvagerie du bourgeois boutiquier, improvisé tout à coup soldat, sans avoir rien de guerrier dans le tempérament, se trouvant forcé et contraint de marcher, cherchant à cacher sa terreur sous un semblant de courage dégénéré en férocité, et qui, n'écoutant plus ni chef ni raison, se proclame de lui-même juge et exécuteur, et n'a qu'une idée fixe, tuer pour rentrer au plus vite se mettre à l'abri.

Je fus rappelé à moi par le bris aigu d'une

glace qui se cassa derrière nous, et dont les morceaux tombèrent avec fracas sur le plancher.

La présence de trois hommes parlant avec une certaine animation avait attiré l'attention de quelques-uns de ces bons gardes nationaux auxquels je pensais justement, et deux balles venaient de pénétrer dans le salon où nous étions, en nous sifflant aux oreilles.

Fermer la fenêtre, et nous retirer dans la salle à manger située sur le derrière fut l'affaire d'un instant.

Après le dîner, Provost, craignant qu'on ne fût inquiet chez lui, voulut nous quitter malgré nos instances pour le retenir.

Je sus le lendemain qu'il était heureusement rentré sans accident.

Serres resta avec moi, et nous passâmes la nuit à jouer au loto! De temps en temps je retournais au salon où au moyen d'une glace fixée au plafond, je pouvais, étendu sur un canapé, distinguer à la lueur des réverbères tout ce qui se passait sur le boulevard.

Ce n'est qu'en apercevant le jour que la

pensée nous vint d'aller prendre un peu de repos.

*
* *

Les enfants grandissant, j'avais dû songer à augmenter mon appartement, et je venais de louer sur le même carré un deuxième logement contigu au mien, avec lequel il m'avait paru facile de communiquer en faisant percer une porte. Le locataire qui l'habitait avait déménagé depuis quelques jours, et j'en avais pris immédiatement possession.

Comme j'expliquais à Serres la façon dont j'entendais décorer ces nouveaux lieux, le désir me prit d'ouvrir une armoire que je n'avais pas encore remarquée. Elle était symétriquement dissimulée dans la boiserie, et la clef en avait été emportée.

Lorsqu'à l'aide d'une pince j'eus fait sauter la serrure, quel ne fut pas mon étonnement de me trouver en présence de tout un matériel de guerre. Poudre, plomb, balles, moules à balles, pistolets et cartouches, rien n'y manquait; c'était à se croire au milieu d'un arsenal.

L'ex-locataire devait être quelque insurgé qui n'avait pas eu le temps de déménager complètement.

On continuait à se battre à tous les coins de rue, et la troupe de ligne comme la garde nationale montaient indistinctement dans la première maison venue pour y faire des perquisitions.

« Que diable vais-je faire de tout cela? m'écriai-je, stupéfait. Si l'on monte ici, je suis fusillé sur place! »

Je mettais mon esprit à la torture afin de trouver un endroit où il me fut possible de cacher toutes ces munitions, de façon à ce que l'on ne pût les découvrir si l'on venait, lorsque j'eus la pensée de jeter le tout dans les cabinets. Serres, déjà pâle et tremblant, partagea cet avis, et sans perdre de temps, nous nous dirigeâmes vers l'endroit choisi.

Je n'avais pas ouvert les mains pour laisser tomber dans le vide la première poignée de balles que j'avais prises dans l'armoire, qu'un roulement formidable se fit entendre. On eût dit que le tonnerre venait de tomber sur la maison!

Paul de Kock, qui précisément se trouvait dans son... arrière-entresol, croyant que les murs lui croulaient sur les reins, se redressa sans prendre le temps de rattacher ses chausses, et s'élança au dehors en criant : « Au secours ! »

Je descendis les escaliers quatre à quatre afin de le faire taire, et j'arrivai à temps pour arrêter le concierge qui déjà était sorti de sa loge, et, par habitude, appelait justement la garde !

En quelques mots je leur expliquai ce qui venait de m'arriver, et quand à grand'peine je fus parvenu à les calmer un peu, je m'efforçai de leur faire comprendre que si l'on opérait une descente dans la maison, comme cela avait eu lieu la veille chez Doyen, et chez tant d'autres, nous pourrions bien à notre tour être tous passés par les armes.

Je n'eus pas besoin d'insister ; tout le monde se joignit à moi, et je fus enfin débarrassé de cet attirail inquiétant qu'on avait fini, après avoir longtemps cherché, par enterrer dans la cave.

*
* *

Quelques jours après, le calme était rétabli, et tout était oublié, les balles comme les morts.

. . . .

XII

PREMIER VOYAGE

A la suite du procédé inqualifiable de Harel, à mon égard, dans l'affaire de la *Tour de Nesle*, procédé que directeur et auteurs se rejetaient réciproquement sans qu'aucun d'eux voulût en accepter la triste responsabilité, j'avais résilié mon engagement avec la Porte-Saint-Martin.

Me trouvant libre, je formai le projet d'entreprendre une tournée. La province me faisait des offres, on me demandait entre autres à Rouen et au Havre. Je n'avais pas revu ma ville natale depuis 1811, époque où je l'avais quittée avec ma mère ; je résolus de commencer par le Havre.

*
* *

C'était au commencement de juillet. Le jour fixé pour mon départ, tout était prêt dès six heures du matin ; ma voiture attendait dans la cour, les chevaux de poste venaient d'arriver, et je me disposais à descendre, lorsque M. Cabet, commissaire de police du quartier, se présenta devant moi. Il était porteur d'un ordre d'arrestation et m'attendait, disait-il, avec un fiacre sur le boulevard pour me conduire à la *Salle des Haricots*.

Bon père de famille, mais très mauvais garde national, j'avais négligé de répondre aux premiers avertissements qui m'avaient été adressés pour manque de service, et je me trouvais, par suite de condamnations successives, sous le coup de dix jours de prison.

J'avais compté sur les fêtes de juillet pour bénéficier de l'amnistie que l'on accordait chaque année à cette époque, et ce contretemps renversait tous mes projets.

Avoir devant soi un bel engagement avec la jetée du Havre en perspective, et perdre tout cela pour aller gémir sur la paille humide des cachots ne me souriait que fort médiocrement.

Cabet me connaissait comme artiste, il m'aimait beaucoup, et j'eus un moment l'espoir de le fléchir; mais, comme le constable du *Kean* d'Alexandre Dumas, tout en se confondant en excuses, il demeura inflexible.

« — Mon cher monsieur Frédérick, me dit-il, je suis au désespoir, mais, vous devez le comprendre, le devoir avant tout! »

Sentant tout de suite que le cœur de l'homme était étouffé sous l'écharpe du commissaire de police, et que je n'avais rien à attendre, je n'hésitai pas à avoir recours aux grands moyens.

Il ignorait, ou plutôt il n'avait pas songé que la maison du numéro 8, comme toutes celles qui se trouvent comprises dans ce pâté qui s'élève entre le théâtre de l'Ambigu et le théâtre de la Porte-Saint-Martin, avait deux issues, l'une sur le boulevard où stationnait son fiacre avec deux agents, l'autre sur la rue de Bondy, où les postillons, déjà en selle, n'attendaient plus que moi.

Je feignis de me résigner, mais d'abord j'essayai de lui faire comprendre qu'avant de m'é-

loigner ainsi, je devais avoir quelques préparatifs à faire, quelques ordres à donner, et je
lui demandai la permission de me retirer un
instant, ce qu'il m'accorda à la condition toutefois, ajouta-t-il en souriant, que je le lais-
serais s'installer pour m'attendre dans la pièce
qui donnait sur l'escalier.

Je n'y mis aucun obstacle, et je me retirai.

Passer dans ma chambre à coucher, où, peu
de jours auparavant, on avait justement pra-
tiqué une ouverture qui communiquait avec
mon nouveau logement, sortir par la seconde
porte qui donnait sur le carré en face de celle
que Cabet gardait à l'intérieur, sans oublier de
les fermer l'une et l'autre à double tour, franchir les escaliers, sauter dans ma voiture, et
crier aux postillons : « En route ! », tout cela
avait duré moins de temps qu'il n'en faut pour
le raconter ici.

Trois jours après, je recevais au Havre une
lettre de ma femme à qui la domestique, que

j'avais enfermée avec le commissaire de police dans l'appartement, avait été tout raconter à Saint-Mandé.

Las d'attendre, Cabet s'était décidé à parcourir toutes les chambres, les unes après les autres, pour me chercher, et ne me voyant dans aucune, il avait fini par appeler le concierge, qui était monté lui ouvrir, en lui disant que j'étais parti depuis une heure.

Le rapport furibond qu'il adressa à l'État-Major arriva jusque sous les yeux du commandant de la garde nationale, le général Jacqueminet que cette aventure fit beaucoup rire, et, quinze jours après, l'amnistie était décrétée sans que personne eût songé à venir demander aucune restriction à mon égard.

*
* *

Enfin, j'étais au Havre! Après vingt longues années, je les revoyais, ces lieux tant désirés, toujours restés présents à mon esprit, mais vagues et confus, comme ces images chères qu'on poursuit dans ses rêves, qu'on voudrait embrasser et qu'on ne peut saisir. Cette fois, je les voyais réellement, quoique mes yeux pourtant fussent remplis de larmes.

C'était bien cette terre qu'enfant j'avais foulée; c'étaient bien le quai, la grand'rue, l'église, la maison de mon père, la jetée, et la plage avec son horizon immense.

Là, comme dans un demi-sommeil, je retrouvais ces lieux dont la vue me rappelait les joies naïves de mon enfance et leurs émotions d'autant plus douces qu'à cet âge elles sont encore vierges des soucis de la vie. La rue de la Gaffe et la maison où j'étais né; Notre-Dame où ma mère me conduisait tous les dimanches; la porte d'Ingouville par laquelle, écolier espiègle, je m'échappais après la classe pour courir avec mes compagnons faire l'école buissonnière à la foire Saint-Michel. Les phares et les hauteurs de Sainte-Adresse, d'où mon père, en redescendant le soir pour rentrer au logis après un jour de repos et de promenade, se plaisait à exalter ma jeune imagination, en m'invitant à m'arrêter pour contempler du sommet de la falaise ce spectacle grandiose du soleil se couchant dans les flots empourprés de l'Océan, et ne faisant plus avec le ciel, c'est-à-dire l'infini, qu'une seule et même voûte embrasée.

Je revoyais la famille ; mon pauvre père, mort encore jeune et si malheureusement ; mon grand-père Mercheidt, *l'homme honorable !* qui dut à ce surnom que la ville entière lui avait décerné, d'être remis trois fois en liberté, après avoir été trois fois amené devant le tribunal révolutionnaire, sous l'accusation d'inculquer à ses élèves des idées royalistes.

On le voit, les années ont beau passer et les gouvernements se succéder, les hommes restent toujours aussi sots et aussi féroces.

Tous ces souvenirs se heurtaient à la fois dans mon esprit et dans mon cœur, et le gonflaient au point qu'il me semblait que j'allais suffoquer.

*
* *

Ma première représentation avait été promise aux pauvres. Le journal du Havre l'annonçait ainsi :

« 30 juillet 1832.

« Depuis midi, les portes sont envahies.
« Jamais ! . . . .

. . . .

« Frédérick Lemaître est né au Havre. Oh !
alors ! ! . . . .

. . . .

« Il donne sa première représentation au
« bénéfice des pauvres. Oh ! pour lors ! ! !. . »

. . . .

L'accueil chaleureux que me firent les Havrais me fut d'autant plus sensible, qu'il s'adressait peut-être moins à l'artiste qu'au compatriote, qu'ils paraissaient heureux de retrouver après un long exil. Malheureusement, mon séjour fut de courte durée. Aux termes de mon traité avec le directeur du grand théâtre de Rouen, je devais débuter le premier septembre, et je ne pus donner au Havre qu'un nombre assez restreint de représentations. Mais je quittai la ville avec la volonté bien arrêtée d'y revenir prochainement. . . . .

. . . .

A Rouen, la réception fut la même.

Le théâtre était devenu le rendez-vous de toute la jeunesse artistique de la ville, à la tête de laquelle se trouvait Adolphe Dumas, avec qui je fis alors connaissance.

C'est de cette époque que date notre vieille amitié qui ne s'est jamais démentie, et que je fus heureux de consacrer plus tard par un lien de famille, en lui donnant pour filleul mon cher Charles.

*
* *

Adolphe Dumas était né à Bordeaux, si j'ai bonne mémoire. Il possédait bien en effet toute la fougue et toute l'exaltation des cerveaux du midi. Ayant fait d'excellentes études, il se crut appelé à devenir un écrivain, un poète ! Après avoir eu quelque temps recours aux journaux pour arriver à produire ses premiers essais, il

9.

publia un recueil de poésies : *La Cité des hommes*, dans lequel se trouvaient certains fragments qui révélaient un talent profond et observateur.

Mais le théâtre était le but de tous ses rêves ; il n'y fut pas heureux.

Les quelques drames qu'il parvint à grand' peine à faire représenter, tels que *Le Camp des Croisés* au Théâtre-Français ; *Mademoiselle de Lavallière* à la Porte-Saint-Martin ; et *l'École des Familles* au Théâtre-historique, quoique renfermant de grandes qualités, manquaient de cette originalité, de cet imprévu, qui seuls consacrent les véritables succès.

Il se croyait romantique parce que sés héros portaient ou la toque ou le frac ; il était plus classique que Ducis ou Soumet. Il s'imaginait être un des rayons de Victor Hugo ; il n'en était que l'ombre.

Il est mort victime de son amour pour cette coquette qu'on appelle la réputation, la renommée, la gloire ! et qui ne laisse aux malheureux amants, qu'elle a dédaignés, qu'un grabat sur lequel les pauvres fous meurent en lui donnant encore leur dernière pensée.

*
* *

Dans ce voyage, je fus assez heureux pour décider peut-être de la carrière d'un homme.

Comme cela venait de se produire au Havre, la nouvelle de mon arrivée à Rouen était à peine connue dans la ville, que l'on demandait déjà *l'Auberge des Adrets*.

L'engouement du public pour cette bouffonnerie était tellement surexcité par tout ce qui en avait été raconté, qu'il le laissait pour ainsi dire indifférent à l'annonce d'ouvrages d'une valeur tout autre cependant, et dont le succès avait été pour le moins aussi grand.

Les affiches avaient beau promettre *Richard d'Arlington*, *La Mère et la Fille*, *Trente ans*, *la Tour de Nesle* et autres; on venait bien sans doute, on accourait même, et l'on applaudissait, mais on voulait *l'Auberge des Adrets!*

J'avais précisément résolu de réserver a

pièce pour la clôture de mes représentations. Outre que j'étais bien certain de n'en aiguillonner que plus, par cette attente, la curiosité générale, j'éprouvais encore un certain embarras à distribuer la pièce.

La troupe du grand théâtre de Rouen, qui passait à cette époque, et à juste titre, pour l'une des premières de la province, était habituée à ne jouer que la haute comédie, abandonnant au petit théâtre le monopole des vaudevilles et des folies,' et je ne voyais pas, dans tout son personnel, un seul artiste capable de jouer Bertrand, de façon à rappeler, même de loin, Serres ou Firmin.

J'étais fort perplexe, lorsque attiré un soir au Théâtre-Français, autrement dit : *Théâtre des Eperlans*, par le programme de l'affiche qui annonçait *Prosper et Vincent* et *Ma femme et mon parapluie*, les deux créations de Vernet, je fus tout surpris d'y entendre, dans chacun de ces rôles, un artiste qui, quoique tout jeune encore, me parut doué de toutes les qualités qui constituent le véritable comédien : physique enjoué et sympathique, simplicité et naturel dans le jeu, rondeur et bonhomie dans la démarche; c'était complet.

— Quel est donc ce garçon? demandai-je à Adolphe Dumas qui m'avait accompagné.

— C'est Hoffmann, me répondit-il; c'est le premier comique de la troupe.

Ce nom m'était complètement inconnu.

— Mais c'est très bien dit, tout cela... ajoutai-je, tout en continuant d'écouter; mais c'est très fort. Voilà mon Bertrand tout trouvé; il y sera magnifique.

— Comment?

— Certainement; il faut que l'on donne le rôle à M. Hoffmann, et je n'en veux pas d'autre que lui !

— Y pensez-vous? me répondit Adolphe Dumas stupéfait. C'est impossible.

— Impossible, et pourquoi? Les deux troupes ne sont-elles pas réunies sous la même administration, et le directeur n'est-il pas libre de distribuer, comme il l'entend, les ouvrages qu'il lui convient de jouer?

— Libre? ah ! bien, continua Dumas, il

ferait beau voir qu'un acteur du *Théâtre des
Eperlans* osât se présenter sur la scène des
Arts ! Vous ne connaissez pas nos abonnés ; ils
briseraient tout.

— Vraiment ! lui répliquai-je ; cela irait
jusque-là ?...

C'était à moi que l'on prétendait faire valoir
l'autorité de cette prévention ridicule qui n'a
pour résultat que de perpétuer l'ignorance ; de
cette hiérarchie qui consiste à proscrire le talent, au seul profit de la médiocrité ; à moi,
que le comité du théâtre Royal de l'Odéon avait
contraint de végéter aux *Variétés-Amusantes*,
et de revêtir la peau du lion de *Pyrame et
Thisbé*, dans laquelle j'eusse étouffé sans doute,
si Lafon et Picard n'étaient venus m'aider à la
découdre, et ne m'avaient tendu la main pour
me redresser sur les pieds ; c'était à moi que
l'on venait parler de préjugés.

— Eh bien, mon cher ami, répondis-je à
Adolphe Dumas, annoncez demain dans votre
journal que je ne jouerai *l'Auberge des Adrets*
sur le théâtre des Arts, qu'à la condition
expresse que M. Hoffmann remplira à côté de

moi le rôle de Bertrand. Si MM. les abonnés persistent dans leur opposition, dites-leur bien que je fais immédiatement chercher des chevaux de poste, et que je retourne à Paris.

Adolphe Dumas essaya de répliquer ; je demeurai inébranlable.

Le lendemain, l'article parut et fit beaucoup causer. Quelques abonnés, beaucoup plus têtus que les autres, ne voulant pas démordre de leur ostracisme à l'égard des artistes du petit Théâtre-Français, allèrent jusqu'à menacer la direction d'une cabale, si elle cédait devant mes exigences !

Mais, quand on fut bien convaincu que la résolution que j'avais prise de repartir sans jouer *l'Auberge des Adrets* était irrévocable, si l'on ne se rendait pas au désir que j'avais manifesté, la majorité des abonnés s'émut, et, dans une réunion provoquée à cet effet, il fut décidé que l'on voulait bien consentir, sur la demande de M. Frédérick Lemaître, à laisser M. Hoffmann paraître, *par extraordinaire*, et pour cette fois seulement, sur le grand théâtre de Rouen.

Ces messieurs mirent sur le compte de *mon originalité!* cette dérogation aux usages reçus, et leur amour-propre fut sauvegardé.

Huit jours après, Hoffmann jouait le rôle de Bertrand avec un succès tel, que le soir même les abonnés demandaient à l'unanimité qu'il fît dès ce moment partie de la troupe du théâtre des Arts.

Quelques années plus tard, il était engagé par Nestor Roqueplan alors directeur du théâtre des Variétés, et venait créer à Paris cette série de joyeux vaudevilles, dont le souvenir est encore présent dans toutes les mémoires.

On voit, par cet exemple, quel pouvait être le fruit de la routine et de la tradition !

Combien d'intelligences ne sont-elles pas mortes englouties sous cette vétusté ?

**
* **

Dans une lettre, qu'il écrivait alors au directeur de la *Revue de Rouen*, Adolphe Dumas, en y rendant compte de mes représentations mieux que je ne l'aurais fait moi-même, y traçait, en peu de mots et de main de maître, l'histoire de la révolution théâtrale accomplie par cette école, que, par une bizarrerie étrange, on a surnommée l'école du romantisme, alors qu'elle se dépouillait au contraire de toutes les fictions du roman, pour se faire vérité.

Loin de moi la pensée de rappeler ici un article flatteur de journal; mon seul désir est de conserver ce souvenir d'un ami, où, tout en laissant la plus large part à l'amitié, il n'a pas oublié cette chère et vaillante Dorval, la véritable héroïne de *Trente ans* et de *Marion Delorme*, éloignée, elle aussi, du théâtre de nos succès communs.

Et puis enfin, il faut bien que je laisse parler les autres, quand il s'agit de moi.

*
* *

« Bien des bonnes gens disaient encore de
« Hugo, il y a quelques années, qu'il n'était
« romantique que parce qu'il ne pouvait être
« classique, et que c'est involontairement et

« comme par prédestination qu'il rompait avec
« cette banale phraséologie académique qu'on
« appelait le style de bonnes études, ou plus
« poétiquement parfum d'antiquité. Ils ne
« savaient pas qu'il avait eu à choisir, comme
« nous tous, et que s'il s'était arrêté à ceci ou
« à cela, c'était après mûre délibération. Pauvre
« Hugo, à qui on faisait faire des péchés d'igno-
« rance, lui, l'un des plus grands travailleurs
« de ce temps. Mais c'est la critique qui disait
« cela : la bête à une tête !

« Lui aussi, ce pauvre Frédérick, n'a pu
« qu'à grand'peine se faire déclarer respon-
« sable de sa belle gloire. Si cet homme-là,
« disait-on, joue le drame, c'est que ça lui est
« venu comme ça, sans qu'il s'en doute, et à
« son insu ; il s'est trouvé poussé au boule-
« vard : mon Dieu ! le vent contraire l'eût
« poussé rue Richelieu. Le génie est chose
« inerte et passive ; pourquoi lui tenir compte
« de ses déterminations ? Vous croyez qu'il
« s'est voué au drame, de prédilection ? Erreur,
« il ne connaissait pas la tragédie ; il n'a pas
« eu le choix. Frédérick, qui avait subi sept

« ans d'épreuves classiques à l'École royale de
« déclamation et qui sait par cœur tout le réper-
« toire du Théâtre-Français, depuis Corneille
« jusqu'à Dubelloy! N'importe, c'est un des plus
« grands assassins dramatiques ; mais il faut le
« sauver par des circonstances atténuantes ,
« écartons la préméditation. C'est l'opinion pu-
« blique qui disait cela : la bête à mille têtes !

« Pauvres fous que nous sommes, quand
« nous nous avisons de jaser dans la rue, ou le
« coude appuyé sur la cheminée d'un salon, la
« jambe droite passée sur la jambe gauche, des
« raisons cachées des rois, même constitution-
« nels, et des hommes de génie ! Pays incon-
« nus, qu'on ne sait pas quand on n'y a pas
« été, voyage d'imagination.

« Ce que Frédérick a fait au théâtre, il l'a
« fait sciemment, avec sa stratégie à lui et ses
« plans de campagne. On n'arrive pas à de si
« grands résultats sans de savantes combinai-
« sons. Il s'est mis de toute sa force et de toute
« sa volonté à la grande révolution qui se fait
« vers le vrai, depuis notre vie de tous les
« jours jusqu'aux plus hautes conceptions du

« poète et du philosophe ; il a révolutionné le
« théâtre comme Talma l'eût fait, si les élé-
« ments ne lui eussent pas manqué, et, de
« *Charles VI* à *Richard d'Arlington*, il n'y a
« peut-être que la distance de temps. C'est à la
« fois l'éloge du mort et du vivant. L'un a
« testé, l'autre a recueilli. Repos pour Talma,
« gloire pour Frédérick.

« Frédérick avait commencé par convertir
« à lui ce que les boutiquiers et les concierges
« de bonne maison appellent le peuple, puis
« les artistes, les hommes de travail qui savent
« où est la vérité, puis les gens de commerce,
« puis l'aristocratie financière, puis la noblesse
« héréditaire ; et, à part quelques boudoirs à
« l'entour de Saint-Germain-des-Prés, où l'on
« boude avec du fard au visage et un chien sur
« les genoux, contre toutes les révolutions
« possibles, je ne lui sais plus une hérésie,
« tant son culte est bien établi. A présent que
« le voilà roi, il voyage en monarque, en empe-
« reur romain ; il visite ses sujets de province
« pour s'assurer de l'amour des populations. Il
« a raison ; tout l'empire n'est pas à Rome.

« Remercions-le d'abord d'avoir songé à nous.
« C'est bien peu que des félicitations de bien-
« venue, en retour des dix admirables repré-
« sentations qu'il nous donne, et qui, avec
« celles de Mme Dorval, doivent entrer dans
« l'histoire de Rouen.

« On a dit que Richard était Mirabeau ; Fré-
« dérick y a mis du Napoléon. Quelle grande
« et belle étude de la passion, dans ce calme de
« l'ambition qui trompe tout le monde, et qui
« ne tromperait pas un enfant, si elle s'oubliait
« à perdre son manteau de glace. — « *Anna*
« *Grey, as-tu donc seule connu Richard?* » —
« Surprendre ses plus proches, sa famille au
« coin du feu! Quelle double écorce il faut
« avoir? — « *Vous ne m'avez donc jamais aimé?*
« — *Jenny, vous êtes folle!* » — Napoléon disait :
« Cette bonne Louise! elle est naïve jusqu'à la
« bêtise. — Puis, quand François, l'empereur,
« trompait une de ses vues européennes :
« « Ton père est une vieille ganache, » disait-il
« à Marie-Louise d'Autriche. — Voilà Richard.
« — Frédérick, vous avez rendu avec génie et
« bonheur l'ambition, la passion qui prend et

« quitte, sans s'altérer, la forme de toutes les
« autres ; vous n'avez oublié aucune nuance,
« vos teintes sont mélangées de main de maî-
« tre ; vous êtes un grand peintre.

« Voici maintenant *le Joueur*. Depuis l'homme
« noble, riche et considéré du monde, jusqu'à
« l'homme dégradé, pauvre, réduit à la misère
« avec le crime dans le cœur et les haillons sur
« la peau, il passe par toutes les conditions de
« la vie, et, ce qui est plus encore, de notre
« vie accidentelle à nous, si difficile à rendre
« pour l'artiste, parce qu'elle n'est vraie que
« d'une vérité convenue, du moment et des
« circonstances. Eh bien ! Frédérick ne s'est
« pas trompé une seule fois ; son crayon est
« toujours sur la ligne. Pour ceux qui l'ont vu
« à Paris, et d'assez près, il est sublime dans
« la scène du conseil de Richard et dans la
« cabane du bûcheron du Joueur. Un homme
« qui reproduit ainsi à vif toute la société de
« son temps, avec cette puissance et à ce degré
« de vérité, savez-vous ce que c'est ? Je n'en
« voudrais pas davantage pour décider de
« l'étendue de son génie dramatique, et pour

« l'avouer chef de la scène française, en haut
« et en bas.

« Frédérick a fait d'*Othello* plus que ce
« pauvre Ducis ; il a rhabillé son squelette, il
« a mieux dit les vers qu'ils ne sont écrits, il a
« été vrai dans une poésie fausse et préten-
« tieuse, il a été nerveux dans une versification
« molle et détendue. Mais tout cela n'est rien ;
« c'est une ode dans la vie de Hugo ; une élé-
« gie dans la vie de Lamartine, c'est un mo-
« ment, une pensée.

« *La Mère et la Fille* est quelque chose de
« plus ; c'est une composition large et sévère,
« une étude vraie avec des choses si fines de
« sentiment, qu'il vous faut un bon œil et une
« bonne loupe pour voir les perfections de dé-
« tails, tant c'est travaillé menu, au milieu
« d'une composition en grand. Frédérick, *la*
« *Mère et la Fille* est votre *École des Vieillards*.
« Le saut vous a moins coûté qu'à Talma,
« car votre drame jusque-là n'avait pas été
« héroïque. Vous avez été bourgeois avec
« moins d'efforts que lui. J'ai vu jusqu'au nœud
« de votre cravate, votre mouchoir blanc roulé

« en peloton dans vos deux mains jointes, et
« votre sortie du quatrième acte, que vous
« faites avec vos mains dans vos poches, tout
« d'action et sans comédie. Je ne donne cette
« analyse que comme preuve de ce que je
« disais tout à l'heure ; je ne parle de l'acteur
« que pour faire juger l'homme. Frédérick
« n'est pas un Richard, un Othello ; il n'est
« pas *un* drame, il est le Drame, comme je le
« disais de Mme Dorval. Sa réalisation va jus-
« qu'où le poète conçoit. Voulez-vous mon der-
« nier mot ? La tragédie est morte avec son
« personnel, et la comédie française avec elle.
« Les vieux amours-propres ne se sont soute-
« nus qu'en se ruinant, et le drame s'est enri-
« chi de gloire et d'argent. Frédérick, l'homme
« d'instinct et de génie, est monté seul, ou
« presque seul, même à présent, de *Cagliostro*
« à *Richard d'Arlington*, et Richard est le
« dernier terme de la progression du théâtre,
« jusqu'à présent, comme Frédérick. Où s'ar-
« rêteront-ils l'un et l'autre ?

« Frédérick en est à sa dernière représenta-
« tion, il est déjà jugé à Rouen : vrai comme la

« vérité, d'une grande conception et d'une exé-
« cution puissante. Et cependant, ce n'est rien
« que de le voir jouer quelques rôles à la hâte,
« comme en passant, au milieu d'un personnel
« nouveau, d'un répertoire impromptu, et de
« soirées qui, malgré la volonté et le talent de
« chacun, gardent toujours un air d'improvi-
« sation. Il faudrait l'avoir suivi assidûment à
« la Porte-Saint-Martin, dans sa maison et
« chez lui en quelque sorte, avec sa famille
« d'artistes, ouvrant l'année par le *Cocher de*
« *fiacre, Cardillac, Cartouche,* et la fermant
« avec *Méphistophélès, Napoléon* ou *Richard.*
« Vous qui n'avez vu Frédérick qu'en repré-
« sentation, vous ne connaissez que la peau du
« lion. Frédérick de Paris reste à Paris et n'en
« sort pas. Madame Dorval dit de lui : Il me
« donne la moitié de son talent! Frédérick en
« dit autant de madame Dorval, ce qui établit
« que Rouen n'a encore applaudi que la moitié
« de l'un et de l'autre.

« Ce n'est pas sans dessein que je rapproche
« toujours leurs deux noms ; c'est qu'ils sont
« frère et sœur ; le public de Paris les a élevés

« aux mêmes applaudissements, à la même
« gloire, presque toujours à côté l'un de l'autre,
« dans ce même théâtre de la Porte-Saint-Mar-
« tin, dont ils subissent tous deux à la fois un
« arrêt de proscription, un exil moitié forcé,
« moitié volontaire. Car vous aurez de la peine
« à le croire, vous qui renversez depuis quarante
« ans tous les privilèges, on proscrit encore !
« Et pour cela, il n'est pas nécessaire d'être roi
« de France ; un simple directeur de théâtre
« suffit. L'avenir de l'art peut en être compro-
« mis ! Qu'est-ce que cela fait ? Frédérick et
« madame Dorval, ces deux fortes voix de vérité
« peuvent être étouffées, et la pensée est muette
« sans la voix, surtout au théâtre, et la révo-
« lution dramatique peut en rester là, comme
« avortée ! Qu'importe pourvu qu'un homme
« en tire argent et une femme vanité.

« Frédérick et madame Dorval ont raison, et
« mille fois raison ; ce qu'ils font dans ce mo-
« ment, c'est de l'indépendance. L'art est aussi
« une liberté ; il faut bien prouver à tous ces
« gens de négoce, que le génie a une autre
« valeur que quelques sous.

« En attendant que la justice arrive à pas
« sourds, les départements les dédommageront
« de leurs sacrifices. Ils étaient rois de Paris,
« eh ! bien, ils seront rois de France. »

XIII

IL A ENCORE SA MONTRE !

Pendant ce temps, Victor Hugo avait apporté son drame de *Lucrèce Borgia* à la Porte-Saint-Martin, en y mettant deux conditions, c'est que le rôle de Lucrèce serait créé par Georges, et celui de Gennaro par moi.

La nouvelle m'en fut donnée à Rouen, comme je me disposais à continuer ma tournée en province.

Un moment j'hésitais. Je ne pouvais me faire à la pensée de rentrer dans cette maison d'où la délicatesse et la loyauté semblaient être bannies pour toujours.

D'un autre côté, la perspective de créer un rôle dans un drame de Victor Hugo était bien séduisante ; de plus, c'était pour moi l'occasion de rentrer à Paris, et de me rapprocher de ma femme et de mes enfants dont j'étais séparé pour la première fois.

Je revins.

*
* *

La première représentation eut lieu le 3 février.

Le succès fut prodigieux.

Les ennemis politiques de Victor Hugo essayèrent bien de s'en prendre au poète en attaquant son œuvre. Tout ce qui était nouveau, tout ce qui était hardi, devenait le prétexte d'une manifestation. Quand, au cinquième acte, les cinq cercueils rangés en ligne apparurent au fond du théâtre, et qu'on vit Gennaro se dresser pour crier à Lucrèce Borgia : « Il en faut un sixième, madame ! » les sifflets se déchaînèrent comme une tempête ; d'un autre côté, les applaudissements y répondirent avec fureur, et ce ne fut qu'à la vingtième représentation que les sifflets, s'étant décidés à abandonner la

10.

partie, le véritable public, venu pour connaître la pièce, put écouter et entendre la fin.

Aujourd'hui, la critique est tombée dans l'oubli, et l'œuvre magistrale est demeurée debout.

Par un rapprochement qu'il fait dans sa préface entre *Lucrèce Borgia* et le *Roi s'amuse*, si maladroitement interdit trois mois auparavant par un ministre trop complaisant, Victor Hugo expose lui-même la grande pensée qui a présidé à l'enfantement gigantesque de ces deux drames, mieux que ne pourrait jamais le faire aucun de ces innombrables Zoïles, qui, impuissants à produire par eux-mêmes, prétendent juger les maîtres, et s'évertuent à analyser des œuvres, dont la conception première leur échappe parfois.

*
* *

Pour succéder à *Lucrèce Borgia*, Harel, après avoir hésité quelque temps, avait fini par fixer son choix sur *Béatrix Cenci*, de monsieur de Custine.

Le marquis de Custine était un gentilhomme dans toute l'acception du mot ; quoique excessivement riche, il cultivait les muses à ses moments perdus.

Un jour, il m'apporta le manuscrit d'une tragédie en cinq actes et en vers, *Béatrix Cenci*, en me demandant de vouloir bien être le parrain de son œuvre, dont il me destinait, me dit-il, le rôle principal.

Je lus la pièce, et je fus étonné d'y trouver certaines qualités rares chez un écrivain n'ayant encore jamais travaillé pour le théâtre. J'en parlai à Harel, qui, après renseignements pris sur la *position financière* de l'auteur, reçut son ouvrage.

Encouragé par ce premier succès, monsieur de Custine se hasarda à demander Dorval. Le cas était grave ; Harel, avant de répondre, éprouva le besoin de prendre plusieurs prises de tabac, ce qui lui donna le temps de consulter Georges.

On commençait à s'émouvoir dans Paris de cet exil occulte qui tenait Dorval éloignée de la scène, et lui fermait les portes d'un théâtre où sa place était marquée. La direction accorda à l'auteur ce qu'il lui demandait, et y mit d'autant plus de grâce, que non seulement elle fondait intérieurement peu d'espoir sur la pièce, mais qu'encore il était avéré, et sans qu'on pût savoir pourquoi, que Dorval ne possédait aucune des qualités voulues pour jouer la tragédie. En laissant Dorval créer la *Béatrix* de monsieur de Custine, Georges n'était pas fâchée de ménager par ce moyen à celle, qu'elle redoutait si fort d'entendre applaudir à ses côtés, l'occasion de remporter un échec.

La pièce fut mise en répétitions, mais que de temps elles durèrent ! Un jour, c'était huit ou dix mille francs qui manquaient pour achever les décorations ; une autre fois, c'était pour l'achat et la confection des costumes, que l'on faisait donner à monsieur de Custine une somme à peu près équivalente. Enfin, deux jours avant la représentation, Harel parvint à lui persuader qu'il était d'usage qu'un auteur, qui n'avait encore été joué sur aucun théâtre, *achetât* les trois premières représentations.

C'était quinze mille francs que l'on demandait à monsieur de Custine de débourser, mais les trois recettes étaient pour lui, et devaient indubitablement dépasser ce chiffre !

Je me trouvais là en ce moment ; je voulus me retirer, moins par discrétion, que honteux pour moi-même d'être obligé d'assister à un semblable débat ; on me retint, et le pauvre marquis de Custine ne partit qu'après avoir bel et bien signé un bon de *quinze mille francs,* payable à vue, qu'il laissa entre les mains de Harel.

C'était environ trente mille francs que lui coûtait sa pièce.

J'étais scandalisé, et ce mot qui m'échappa, lorsqu'il fut sorti, et qui fut répété depuis comme une simple raillerie : « Vous le laissez partir ? Il a encore sa montre ! » exprimait mon indignation mieux que tout autre n'eût pu le faire.

Béatrix Cenci fut jouée et obtint un succès fort honorable. Dorval y fut belle, très belle, et réalisa au delà de tout ce que l'on pouvait espérer l'idéal rêvé par l'auteur.

Le lendemain de la troisième représentation, la pièce était retirée de l'affiche sans aucune explication, et l'on annonçait au bas, comme prochaine, la reprise de la *Tour de Nesle,* pour la rentrée de mademoiselle Georges.

Le procédé était dur ! mais la direction, paraît-il, était dans son droit, et nul n'avait rien à réclamer. Monsieur le marquis de Custine s'exécuta en grand seigneur, et Dorval se consola en allant créer au Théâtre-Français *Chatterton* et *Angélo*.

La jalousie et l'envie sont mauvaises conseillères. Arrêter un ouvrage à la troisième représentation, alors que l'accueil fait à cet ouvrage semblait prendre toutes les proportions d'un succès, et cela surtout, quand on avait fait espérer à l'auteur qu'il pourrait par ce moyen rentrer dans une partie de l'argent qu'on lui avait fait débourser, à l'aide d'un *emprunt*

forcé! constituait non seulement une vilaine action, mais encore un acte de mauvaise administration.

C'était plus qu'une indélicatesse, c'était une faute.

Annoncer la reprise de la *Tour de Nesle,* avec mademoiselle Georges, c'était très bien ; mais Marguerite de Bourgogne ne résume pas la pièce à elle seule ; il fallait un Buridan. Bocage était en province, et ne semblait nullement disposé à revenir. Le procédé, dont on avait usé vis-à-vis de monsieur de Custine, m'avait touché de trop près, pour qu'on pût supposer que j'y fusse demeuré indifférent, et la façon cavalière, avec laquelle le rôle m'avait été retiré, l'année précédente, semblait rendre impossible toutes démarches vis-à-vis de moi.

On ne trouva rien de mieux que d'aller chercher Delestre qui jouait en ce moment la pièce au théâtre de Belleville. Delestre, encore inconnu au public de la Porte-Saint-Martin, ne réalisa peut-être pas complètement pour lui le type du personnage créé par Bocage ? Toujours est-il qu'on eût dit que les recettes étaient demeurées sous le coup de la peste et de la guerre civile, et chaque soir la salle était vide.

Il fallait aviser. Après longue délibération, on se décida à venir à moi. Mon premier mot fut un refus formel.

Cependant, mieux conseillé par les personnes qui m'entouraient, que je ne l'avais été d'abord par mon amour-propre blessé, je me demandai s'il était bien raisonnable de résilier une seconde fois mon engagement? Je voyais à qui j'avais à faire, et n'était-ce pas de la dignité mal placée, que d'agir dans cette circonstance contre mes intérêts?

Après tout, je ne faisais que rentrer dans mon bien! J'avais autour de moi ma famille, mes enfants, dont le nombre promettait de grandir encore, puisque, trois mois après, le 25 août, ma femme me donnait justement, pour mon bouquet de fête, un beau et gros garçon, monsieur Napoléon.

J'acceptai de rentrer dans la *Tour de Nesle*.

Les tribulations sans nombre, dont ce drame était l'objet depuis un an, avaient eu trop de retentissement dans le public, pour que la curiosité ne fût pas surexcitée au dernier point. Georges accepta cette fois la situation sans en laisser paraître le moindre dépit, et, dès ce moment, la pièce prit son essor vers ce succès qu'un demi-siècle bientôt n'a pas encore épuisé.

Un mot épique de Harel résumera gaîment le récit de cette longue épopée.

Ne sachant trop comment, sans blesser la susceptibilité de l'artiste, remercier Delestre du dérangement qu'il lui avait occasionné, Harel, pour se résumer, après être venu dans sa loge pour lui adresser les compliments d'usage, ne trouva rien de mieux que cette phrase :

— Mon cher ami, vous avez joué Buridan en honnête homme !

Après quoi, il lui offrit une prise de tabac. et se retira.

Delestre ne s'en formalisa pas autrement.

Harel était connu pour ses excentricités, ses mots souvent heureux, ses goûts quelquefois singuliers.

Entre autres affections, il avait un penchant très prononcé pour les cochons de lait.

Alexandre Dumas et Jules Janin lui en envoyèrent un pour ses étrennes.

Harel, en apercevant Dumas le lendemain, s'écria tout joyeux, du plus loin qu'il le vit :

— J'ai reçu mon cochon ! je l'ai couché avec moi !

—Je sais, lui répondit tranquillement Dumas, je viens de le voir, il m'en a dit autant !...

XIV

ROBERT-MACAIRE

Les grandes chaleurs de juillet et d'août avaient peu à peu éloigné le public du théâtre; les recettes périclitaient tous les jours, et Harel se voyait au commencement de l'hiver sans un ouvrage devant lui, sur lequel il pût fonder l'espérance d'un succès.

C'est alors que je lui donnai le conseil de tenter une reprise de *l'Auberge des Adrets,* la pièce étant réduite en deux actes, avec un dénouement nouveau, qui consistait à faire jeter, des avant-scènes sur le théâtre, deux gendarmes par Robert-Macaire et Bertrand, qui se sauvaient à la suite de cette équipée.

La pièce ainsi modifiée et accompagnée,

tantôt d'une reprise de *Richard d'Arlington,* tantôt d'une reprise de *Trente ans,* et même de la *Tour de Nesle,* tint l'affiche pendant plus de trois mois. Grâce à ce dénouement burlesque, qui remplaçait d'une façon si avantageuse le dramatique fort douteux du troisième acte, la reprise de cette bouffonnerie dépassa au delà de toute imagination le succès de la création.

Serres, dans Bertrand, laissa loin derrière lui son devancier, malgré toute l'intelligence que Firmin avait pu apporter dans la composition de son rôle; il y fut ébouriffant, il y fut hideusement beau.

***
** **

Ce regain de succès inespéré me suggéra la pensée de donner à ces deux types un cadre plus étendu, qui permît tout le développement qu'exige l'étude de véritables caractères, et d'en faire alors une comédie de mœurs.

Robert-Macaire, n'était-ce pas en effet la personnification de notre époque, l'image de cette société corrompue où chacun cherche à s'enrichir sans travail, où l'ignorance et la médiocrité convoitent l'héritage du mérite et du génie ?

On admet volontiers Cartouche et Mandrin, bardés de poignards et de pistolets, la figure cachée sous de longues barbes et de larges chapeaux, dévalisant, pillant, égorgeant sur les grands chemins, mais on crie au scandale et à l'immoralité, en voyant Robert-Macaire et son beau-père, le baron de Wormspire, vêtus de noir et gantés comme tout le monde, se promener tranquillement sur le boulevard, en sortant de la Bourse, organiser des agences, former des sociétés en commandites, fonder des journaux, ouvrir de splendides salons, pour y donner à jouer, et marier leurs maîtresses ou leurs filles déjà prostituées.

N'avez-vous jamais rencontré de ces barons de Wormspire, chamarrés de croix et de cordons, dont l'existence est un problème, comme la fortune et le nom ?

Ne vous souvient-il plus que le monde est bourré de ces Antigones de trente ans, veuves d'un officier général, tué n'importe où, et auxquelles, sur ses vieux jours, un oncle, un tuteur, un père, donne une dot et un mari ?

Et cette scène de pauvres actionnaires, ne l'avez-vous jamais vu jouer ? N'a-t-on pas sur les lèvres, prêt à vous échapper, le nom de tous ces charlatans d'industrie, qui, sans un sou vaillant, sans autre garantie souvent qu'un nom d'emprunt, un nom volé, annoncent pompeusement une œuvre philanthropique, une œuvre utile, au prospectus de laquelle on se laisse prendre, depuis la souscription de dix francs jusqu'à celle de mille ? Et puis, quand les souscriptions ont payé un hôtel, des chevaux, ne vous souvient-il pas qu'on fait un nouvel appel de fonds ; qu'on se plaint de la concurrence ou de la mauvaise foi pour expliquer le déficit qu'il faut combler ? Alors les moins osés de ces hauts entrepreneurs mettent la clef sous la porte, vendent l'entreprise à des niais, et publient que l'affaire n'a point marché, faute de fonds, et s'en vont en entreprendre une nouvelle avec des actionnaires nouveaux.

Mais les plus osés, ceux qui ne perdent point la tête, font comme Robert-Macaire ; ils appuient sur une affaire nouvelle l'affaire qui croule, et, sans changer d'actionnaires, ils leur demandent bravement de l'argent, non pour l'entreprise existante, fi donc ! mais pour l'entreprise qui va surgir. On renvoie le partage du dividende à la liquidation des deux affaires, si ce n'est pas à la troisième qu'on a en vue, et pour laquelle encore il faut de nouveaux fonds.

Combien sont venus rire à *l'Auberge des Adrets*, et n'ont crié au scandale en voyant *Robert-Macaire*, qu'après s'y être reconnus ? .

. . . .

*
* *

Benjamin Antier et Saint-Amand, les deux auteurs de *l'Auberge des Adrets*, devinrent tout naturellement mes collaborateurs, et la pièce fut mise en répétitions.

Mais Harel, qui l'avait reçue, n'était pas le seul maître ; Georges et son entourage, lui rappelant ses antécédents littéraires, parvinrent à lui persuader qu'une semblable production était indigne d'une scène comme la Porte-

Saint-Martin, où l'année suivante, par paren-
thèse, Georges, dans la *Tour de Nesle,* devait
servir de lever de rideau aux lions de *Wan-
Amburg,* et aux *Arabes,* engagés pour exécuter
des sauts périlleux par-dessus des sabres et des
piques !

Les critiques scrupuleux, gardiens des vertus
sociales et domestiques, ayant à leur tête Jules
Janin, le pudibond J.J., lequel, toujours attaché
à Harel et à Georges... entreprit, avant même
son apparition, une guerre d'extermination
contre ce pauvre *Robert-Macaire.*

« Pour moi! s'écriait-il, au bas d'un de ses
« intègres feuilletons, qu'il soit enterré sous
« les ordures ou plongé dans la hotte du chif-
« fonnier, ou perdu dans le cloaque parisien,
« ou traîné dans le tombereau de Clamart,
« Robert-Macaire est mort ! »

L'auteur moraliste et vertueux, qui sut si
bien dépeindre une scène de la Morgue dans
l'Ane mort, et tracer un tableau si fidèle des
filles de Séjan dans *Barnave,* devenait délicat
sur les mots et sur les choses. Il ne voulait pas
admettre l'existence de ces faiseurs qui prônent

si haut la patrie, la famille, la paternité,
l'amour, l'amitié ; il n'admettait pas que tout
cela fût mort dans le fond de leurs cœurs, et
qu'en se proclamant les défenseurs de la mo-
rale et de la société, ils n'eussent d'autre but
que de satisfaire leurs passions, et de vivre de
ce qu'ils méprisaient.

Fatigué par les tracasseries continuelles
d'une coterie sans exemple, il me fut impossible
de me contenir cette fois plus longtemps. Je
retirai la pièce, et je résiliai de nouveau mon
engagement avec la Porte-Saint-Martin.

*
* *

Six mois après, comme je rentrais d'une
tournée dans le Midi, je reçus un matin la visite
de Mouricr, directeur du théâtre des Folies-
Dramatiques.

Quoique nous fussions d'anciennes connais-
sances, ce ne fut pas sans une certaine hésita-
tion qu'il me fit part du motif qui l'amenait.

« Mon cher Frédérick, me dit-il, j'attendais
« votre retour avec impatience, car j'ai une

« proposition à vous faire. Peut-être allez-vous
« la trouver bien téméraire, aujourd'hui que
« vos prodigieux succès vous ont placé si haut,
« et si vous la rejetez, je vous en demande
« d'avance l'absolution au nom de notre vieille
« amitié.

« En quittant la Porte-Saint-Martin, vous
« avez emporté avec vous la pièce de *Robert-*
« *Macaire*, et pas un directeur n'est encore
« venu vous la demander, effrayés qu'ils sont
« tous par cette croisade qu'ont entreprise
« contre elle certains critiques par trop chastes,
« avant même qu'elle n'ait vu le jour. Moi, je
« vous avoue en toute sincérité que cela
« m'est parfaitement indifférent, bien au con-
« traire ! Et sans plus de préambule, je viens
« vous demander si, quelque infime que soit
« mon théâtre, vous voulez créer *Robert-*
« *Macaire* chez moi ? Voici un engagement
« en blanc ; signez, vos conditions seront les
« miennes. »

Et, joignant l'action à la parole, il me mit un
engagement sur la table.

Cette manière franche et loyale d'aborder la

question m'ébranla fortement ; la nouvelle de cette coalition puérile formée en mon absence par les directeurs de Paris, et qu'il m'apprenait, car je l'ignorais, me fit sourire de pitié, et quand Mourier me tendit la main en me disant :

— Eh bien ?

Je lui répondis :

—· Pourquoi pas ? . . . .

. . . .

Trois jours après, la pièce entrait en répétitions au théâtre des Folies-Dramatiques, et, le 26 juin 1834, le rideau se levait sur *l'enterrement de Robert-Macaire*.

Le succès fut ce que tout le monde sait, et le point de départ de la fortune de Mourier qui mourut deux fois millionnaire !. . . . .

. . . .

. . . .

*
* *

« Méry, le poète marseillais, improvisateur « merveilleux, critique spirituel à ses heures,

« parlait ainsi de son acteur aimé, en rendant
« compte de son œuvre :

« Tous les soirs il se montre sur son théâtre,
« plein depuis la base, où le parterre en cas-
« quette et en chemise trépigne d'enthou-
« siasme, rit de son franc et gros rire, jusqu'au
« comble où bourdonne et gazouille le paradis
« en coiffe déplissée, la robe et les cheveux en
« désordre. Le théâtre n'a sur le seuil ni haut
« portique, ni voûte de pierre, ni auvent en
« coutil supporté par des colonnes dorées, et
« cependant les équipages du grand monde,
« les tilburys de la jeunesse fashionable s'ar-
« rêtent à la porte et les marchepieds s'y dérou-
« lent sous la main des laquais en livrée. Les
« banquettes de ses galeries sont recouvertes
« d'une étoffe qui, dans son neuf, pouvait être
« du velours d'Utrecht ; dans les loges, pas
« une glace pour se mirer ! et cependant les
« femmes élégantes et jeunes, pour venir s'as-
« seoir sur ces banquettes, quittent leurs
« divans soyeux, et, pour cette salle où l'at-
« mosphère est étouffante, leurs appartements
« aérés et émaillés de fleurs. Pour ce théâtre

« aussi, l'Opéra lui-même est déserté par cette
« blafarde jeunesse d'avant-scène et de foyer,
« si vaine de sa coiffure, de la coupe de ses
« habits, de ses bottes vernies, de ses gants
« jaunes et de ses joncs à pomme d'or ciselé.
« Tout le monde qu'on est convenu d'appeler
« le monde de distinction, le monde des
« belles manières, qui, entre deux bâillements,
« deux sourires ou deux œillades, disserte
« à froid sur l'audace des poètes ; ce monde
« au langage fleuri qui délaie du carmin
« pour se faire rougir d'un mot, qui s'effa-
« rouche d'un geste, murmure contre une
« situation équivoque, et fuit l'audace d'un
« regard derrière les jours de l'éventail, sait
« du reste que le langage de *Robert-Macaire*
« n'est rien moins que fleuri, que les gestes n'y
« sont rien moins que réservés, que les situa-
« tions y sont plus que risquées, et que plus
« d'une déchirure aux vêtements laisse voir
« les chairs à nu ! Il le sait, et pourtant il y va.
« Une force irrésistible d'attraction l'y pousse
« malgré lui. Qu'est-ce donc que ce succès de
« popularité attaché à ce *Robert-Macaire ?*

« Qu'est-ce que cette espèce de magnétisme
« qui communique l'électricité à tous les
« anneaux de la chaîne parisienne, la tord, la
« replie sur elle-même, et la roule, bon gré,
« mal gré, vers le même lieu ; la grande dame
« comme la grisette, l'homme de salon comme
« l'homme du peuple ? Nous-mêmes, enfin,
« d'où vient que, oubliant les habitudes de la
« presse qui vit si vite, pour qui le tumulte et
« la gloire de la veille sont emportés par le
« tumulte et la gloire du lendemain, d'où vient
« que nous vous entretenons si longuement de
« ce Robert-Macaire, et que nous vous rendons
« compte de l'étonnante popularité attachée
« aux guenilles de cet homme, qui finit par
« habiter dans les salons dorés ?

« Ne vous imaginez point que cette popula-
« rité lui vienne seulement de ce que Frédérick
« est l'acteur que vous savez, mon grand
« acteur, à moi, retraçant à lui seul toutes les
« diverses espèces d'hommes qui grouillent
« dans la grande fourmilière qu'on appelle
« société. Élégant comme un homme de salon,
« brutal comme un homme des halles, timide

« comme un enfant, effronté comme un valet,
« naïf comme une jeune fille, confiant comme
« un bourgeois, débauché et roué comme un
« blafard et un fripon, taciturne comme un
« conjuré, franc et rieur comme un bon et
« joyeux convive, sombre comme le nuage qui
« amasse la foudre, éclatant comme le ton-
« nerre, toujours et partout, tragique admi-
« rable ou bouffon sublime, vous inféodant à
« lui, vous passionnant de sa passion, enfon-
« çant ses ongles dans votre cœur comme il
« les enfonce dans ses chairs, vous faisant
« pleurer de ses larmes à suffoquer, et vous
« faisant rire de son rire à vous rouler sous
« les banquettes. Non, ce n'est point cela seu-
« lement qui lui attire la foule. Il a été d'un
« sombre bien plus terrible dans *le Joueur,*
« d'une effronterie aussi complète dans *l'Écri-*
« *vain public,* d'une aussi diabolique fascina-
« tion dans *Faust,* et d'une fatuité aussi
« bouffonne sous les haillons de *Macaire* voya-
« geur. La foule ne lui vient pas de cela seul
« que Robert-Macaire est un adroit filou qui
« se pose bien dans le monde, et qui a autant

« de sang-froid, les mains dans vos poches que
« dans les siennes, car il avait été bien autre-
« ment osé, bien autrement fashionable dans
« sa danse à la noce de *l'Auberge des Adrets,*
« et en déjeunant avec MM. les gendarmes, il
« avait eu un tout autre aplomb, ma foi !

« Ce qu'on vient voir ainsi, c'est l'acteur, le
« Prométhée qui donne le mouvement et la
« parole, la couleur et la vie à ce personnage
« dont il fait un pamphlet de chair et d'os.

« Voulez-vous savoir de quoi Robert-Macaire,
« à l'aide de l'ironie et de la parodie, est de nos
« jours la vivante image ? Regardez son point
« de départ, suivez les phases de la vie qu'il
« traverse, et voyez où il arrive. Échappé des
« bagnes, il se grandit jusqu'à l'exploitation en
« grand de la crédulité publique, et se sauve
« dans l'impunité. Il s'arrête à une méchante
« auberge où il vole, il arrive dans des salons
« dorés où il vole, et il part en ballon avec sa
« fortune pour aller exercer ailleurs son indus-
« trie. Est-ce que ce n'est point là ce que vous
« voyez chaque jour dans notre société ? Est-ce
« que le désintéressement n'est point une

« moquerie, l'honneur une déception, la pro-
« bité une duperie ; tous les grands mots qui
« attirent les sympathies de la foule, philan-
« thropie, bien public, liberté, ne sont-ils pas un
« marche-pied pour les parvenus ? Les hon-
« neurs, un rocher élevé où le serpent qui rampe
« arrive plus vite que l'aigle qui fatigue ses
« ailes à planer au sommet où il ne peut se
« poser faute d'espace ? La société n'est-elle pas
« enfin un ignoble tripot où les dissipés ne
« laissent de chance qu'aux fripons ?

« Et puis, quelle allégorie vive et palpitante
« d'actualité que cette fuite de Robert-Macaire
« avec toute son auguste famille ! Pendant que
« la justice enfonce les portes, le crime s'en va
« par les fenêtres ; pendant qu'on le pourchasse
« à terre, qu'on lui ferme toutes les issues,
« lorsqu'on croit le tenir, votre serviteur ! le
« voilà qui file en ballon.

« Oui, en ballon, expression juste de ce qui
« se passe dans cette société toute d'exception.
« Comme le crime ne s'y commet point par les
« voies ordinaires, les voies d'impunité ne sau-
« raient être ordinaires non plus. Les navires,

« les chevaux de poste, la vapeur, étaient des
« moyens usés. On a pris le ballon ! Le ballon,
« voilà désormais le refuge de toutes les indus-
« tries.

« Vous comprenez à présent l'empressement
« du public pour ce *Robert-Macaire*, qui, de ce
« point de vue, cesse d'être un caprice ou une
« débauche d'esprit. C'est une œuvre faite avec
« Aristophane et Shakespeare; c'est peut-être
« la voie nouvelle ouverte devant l'art moderne,
« et peut-être la seule qui convienne aux mœurs
« et aux besoins du peuple qui veut que l'art se
« modifie suivant les époques, et n'entend pas
« que l'expression du temps présent soit la
« même que l'expression du temps passé. »

XV

PIERREFITTE

Le succès de *Robert-Macaire* venait de dépasser toutes les prévisions.

Cent cinquante représentations consécutives, loin d'en avoir épuisé la vogue, n'avaient fait que populariser ce personnage, devenu le héros du jour, et ce n'est que parce que j'étais obligé de me rendre à Londres, où m'appelait un traité signé depuis quelque temps déjà avec Pélissier, directeur du Théâtre-Français, que nous nous vîmes contraints, Mourier et moi, d'arrêter la pièce.

Certain de pouvoir compter sur une reprise fructueuse à mon retour, et, de plus, ayant pris la résolution de faire une tournée dans toute la

France avec *Robert-Macaire*, j'avais décidé de ne point faire imprimer la pièce, afin de m'en réserver tout naturellement la primeur.

*
* *

Pendant le courant de l'été, on m'avait parlé d'une certaine maison de campagne, qui se trouvait à vendre à Pierrefitte, au-dessus de Saint-Denis, à une heure de Paris.

C'était, me disait-on, un vieux château dont la valeur artistique était inappréciable, et auquel se rattachait une sorte de légende. Un lord anglais, après y avoir longtemps vécu dans le silence et la solitude, succombant fatalement au mal héréditaire de son pays, s'y était tué; la famille faisait vendre la propriété, et l'on pouvait l'acquérir pour la moitié de sa valeur.

Eu égard à mes projets de voyage, c'était une occasion pour moi d'installer là toute ma jeune famille, pendant le temps que pourrait durer mon absence. Mieux que dans un appartement du boulevard Saint-Martin, quelque aéré

qu'il fût, ma famille grandirait et profiterait là
au grand air.

*
* *

Je voulus juger par moi-même de ces lieux
dont on me faisait un récit si merveilleux, et
je demeurai émerveillé, je l'avoue, devant le
paysage qui s'offrit à mes regards, en parcou-
rant cette retraite cachée dans les arbres
comme une sorte d'oasis au milieu de cette
plaine unie et calme qui s'étend depuis Paris
jusqu'à Montmorency.

A l'extrémité d'une longue pelouse, bordée
sur ses côtés de massifs de lilas, de chèvre-
feuilles et de tamariniers, que de gigantesques
pins ombrageaient, en étendant sur eux leurs
branches séculaires, s'élevait un pavillon dont
les murs, en briques rouges enclavées dans
de fortes assises de pierre de taille, étaient
percés de hautes et nombreuses fenêtres aux
carreaux minuscules.

A l'intérieur, un large vestibule donnait
naissance à un escalier de pierre dont la

rampe, en fer ciselé, conduisait aux étages supérieurs.

Le rez-de-chaussée se composait de trois pièces ; un vaste salon, décoré de panneaux en bois de chêne sculpté, représentant des faunes et des amours jouant au milieu des blés, prenait jour sur la pelouse par une haute porte vitrée donnant accès sur un perron exhaussé de trois marches. Les deux pièces latérales, dont l'une était la salle à manger, et l'autre une sorte de salon d'étude, ne présentaient rien de remarquable que la vue qui s'étendait sur le parc. Les meubles, en acajou, offraient sinon le luxe, du moins le confortable que l'on recherche à la campagne. Les canapés et les fauteuils étaient tapissés de velours d'Utrecht jaune ; de grands rideaux à bandes jaunes et grenat fermaient hermétiquement toutes les issues.

Au premier, se trouvaient les chambres à coucher donnant toutes isolément sur un corridor commun, et offrant comme les pièces du rez-de-chaussée un aménagement sévère.

De nombreuses pendules et horloges accrochées aux panneaux des murs, ou posées sur de hautes cheminées en marbre, et toutes arrêtées en ce moment, car la maison était inhabitée depuis un an, devaient, lorsqu'elles tintaient les heures, imiter les échos de la vallée répétant le soir le bruit des cloches qui sonnaient l'angélus à l'église du village.

Un corps de bâtiment flanqué à l'aile droite du pavillon, et comprenant les communs, les cuisines, les caves, les celliers, venait rejoindre un des deux lourds pilastres dans lesquels était scellée la grille d'entrée qui donnait sur la rue; l'autre pilier formait un des angles de la maison du garde située vis-à-vis, et ayant derrière elle écuries, laiteries, cours et basses-cours.

Tout autour des bâtiments, s'étendait le parc. Vingt arpents, enclos de murs et de haies, réunissaient à la fois bois, jardins anglais, pelouses, vergers et potagers. De longues et sombres allées de chênes et de tilleuls sillonnaient le parc en tous sens, pour ne s'arrêter que devant des sauts-de-loups percés dans les murs et les haies, et qui permettaient à la vue d'embrasser l'immensité de la plaine.

*
* *

Ce séjour pittoresque me captiva vivement ; j'y vins et je revins le visiter encore ; j'y amenai ma femme, ma mère et les enfants qui, dès le premier jour, se perdirent dans les plants de fraises et sous les groseilliers et se mirent à pleurer quand il fallut les emmener.

Je voulus consulter un ami, un parent architecte, Coussin, le fils de mon oncle Coussin, qui me conseilla fortement cette acquisition. La propriété, mise à prix quarante mille francs, en valait plus du double.

— Avec très peu de frais, me dit-il, j'achèverai de te rendre ce lieu si artistement beau, que tu ne voudras plus le quitter.

Déjà très épris, cela me décida tout à fait, et, le jour de la vente venu, j'achetai la maison.

Quelques semaines après, j'y installai toute ma colonie, et je partis ensuite pour Londres.

XVI

LONDRES. — LE COMTE D'ORSAY

Cette fois, j'emmenais avec moi quelques
personnes, qui déjà au courant de mon répertoire, pouvaient me faciliter le cours de mes
représentations. D'abord un régisseur, Jules
Vizentini, que j'avais vu tout enfant venir à
l'Odéon, lorsque j'y répétais le drame de la
Mère et la Fille, dans lequel son père avait créé
d'une façon si charmante le rôle du fermier
Gérard. Puis un contrôleur, car, depuis longtemps déjà, j'avais eu l'occasion de reconnaître,
dans maintes circonstances, l'utilité d'avoir un
homme à soi, à moins toutefois que le contrôleur n'eût besoin lui-même d'être contrôlé !

Enfin, un domestique, nommé Henri Monicain, lequel devint plus tard le célèbre Robin, l'inventeur des fameux spectres, destinés à servir de prétexte à plus d'un mauvais drame.

* * *

Je pensai flatter l'amour-propre national des Anglais en débutant par *Othello*.

L'accueil qu'ils me firent personnellement fut des plus chaleureux, car, bien qu'ils aient aussi leurs tragédiens dont ils peuvent être fiers : Garrick, Mecready, Charles Kemble, Kean, miss Smithson, miss O'neil, ils adorent les artistes français, et les acclament avec enthousiasme.

Ils aiment et comprennent notre littérature, et apprécient nos grands maîtres classiques, comme nous apprécions Shakespeare et Walter Scott. « Molière, disent-ils, pouvait naître anglais aussi bien que français ; il est tombé du ciel sur l'autre côté de la Manche, par hasard, comme il aurait pu tomber sur les côtes d'Angleterre. »

Mais ils se montrèrent plus réservés à l'endroit de la traduction de Ducis ; ils ne pouvaient admettre que les exigences de la scène française justifiassent les mutilations que l'auteur avait jugé à propos de faire subir au chef-d'œuvre de leur grand William.

Aussi *Othello* fut-il loin de produire l'effet que j'en avais espéré.

Je comptais sur *Richard d'Arlington* et la *Tour de Nesle* pour prendre une revanche, quand Pélissier vint m'annoncer, un soir, que les deux pièces étaient arrêtées par la censure.

L'une, lui disait-on, était par son immoralité un outrage à la royauté ; l'autre, une sorte de critique acerbe des coutumes électorales anglaises, et pourrait blesser certaines susceptibilités.

Pélissier avait vainement essayé d'arriver jusqu'au lord chancelier, toutes ses démarches étaient demeurées infructueuses ; il ne restait plus, selon lui, qu'une espérance, c'était de s'adresser au comte d'Orsay, et il venait me demander de vouloir bien tenter cette démarche qui, faite par moi, disait-il, aurait plus de valeur.

Le comte d'Orsay était le gentilhomme artiste par excellence, qui donnait alors le ton à la ville de Londres. Peintre, sculpteur, poète, musicien, il connaissait tout, parlait de tout, et son salon était le rendez-vous de tous les artistes anglais ou français de la capitale britannique ; il suffisait de son blâme ou de son approbation pour être absous ou condamné ; on l'écoutait, on le consultait ; il n'avait qu'à demander pour obtenir.

Sa réception gracieuse me rappela celle que m'avait faite, cinq ans auparavant, le duc de Bassano, et la sympathie, qu'il ne pouvait cette fois témoigner qu'à l'artiste, s'étendit largement plus tard sur l'homme, lorsque j'eus l'occasion de le revoir, soit dans mes différents voyages à Londres, soit à Paris où il avait suivi en 1852 le prince Louis Napoléon, dont il était l'intime ami, et où j'eus la consolation de pouvoir une fois encore lui serrer la main quelques jours avant sa mort.

Malgré mes instances pour obtenir par son intermédiaire ce que je venais solliciter, il me laissa peu d'espoir.

« Vous ne connaissez pas, je le vois, me
« dit-il, le caractère anglais ; il est inexorable
« sur tout ce qui peut toucher, soit ses institu-
« tions, soit la reine ou la royauté, ce qui pour
« lui ne fait qu'une seule et même chose, et les
« deux ouvrages interdits s'attaquent justement
« à tout cela. Je vous promets néanmoins de
« parler à qui de droit. Mais pourquoi, en
« attendant, continua-t-il, ne nous donnez-vous
« pas *Robert-Macaire,* dont la renommée est à
« cette heure européenne ? Vous trouverez là
« de quoi vous dédommager amplement, car je
« vous prédis à Londres un succès pour le
« moins ausssi éclatant que celui que vous avez
« remporté à Paris. »

Je lui répondis qu'avant de me faire voir
sous ces guenilles qui, malgré leur succès,
avaient rencontré tant de détracteurs, j'aurais
été désireux de me montrer sous un jour plus
avantageux et dans une de ces créations du
théâtre moderne auxquelles je devais en quelque
sorte ma réputation.

« Oh ! ne supposez pas cela nécessaire, s'em-
« pressa d'ajouter le comte d'Orsay. Les Anglais,

« en cela moins frivoles que les Français, savent
« mieux rendre hommage au talent partout où
« il se trouve. Pour eux, Falstaff est aussi digne
« qu'Hamlet, et l'un et l'autre ont également
« droit à leur considération. Croyez-bien que
« demain ils salueront Robert-Macaire avec le
« même respect qu'ils apportaient hier à saluer
« Othello. »

C'était une leçon courtoise dont plus d'un
pourrait profiter.

*
* *

Je suivis son conseil en jouant, en attendant,
Robert-Macaire et l'*Auberge des Adrets*, et le
comte d'Orsay put voir se réaliser sa pro-
phétie au delà de toute prévision.

La haute fashion de Londres, à l'exemple de
la Société parisienne, vint pendant six semaines
rire et applaudir les deux bandits, et la presse
anglaise, loin de traiter la pièce « comme une
pasquinade éhontée qui devait enfanter Lace-
naire et Papavoine ! » ainsi que l'avait prétendu
le vertueux Jules Janin frappé d'un accès de

chasteté, y voyait au contraire une œuvre d'une haute portée philosophique destinée à mettre les honnêtes gens en garde contre les fripons.

Dans le courant de mes représentations, et pour alterner avec *Robert-Macaire* et l'*Auberge*, je jouai successivement *Trente ans* dont le succès fut aussi très grand; *Le Barbier du roi d'Aragon*, un délicieux petit drame en trois actes de Dupeuty et Fontan, qui avait passé presque inaperçu lors de sa création à la Porte-Saint-Martin, et finit par obtenir une certaine vogue; enfin, *la Mère et la Fille*, dont la réussite eût été complète, si le personnage de lord Talmours n'était venu jeter un peu de froid sur l'enthousiasme du public. Les Anglais admettent difficilement que, dans une comédie, un de leurs compatriotes puisse représenter un rôle ridicule ou indélicat, et cette phrase placée dans la bouche de Duresnel parlant de lord Talmours : « Cet anglais, que l'on dit esclave de l'honneur, c'est le plus vil des hommes » les choqua fortement.

Les Anglais veulent être respectés.

XVII

PROCÈS BARBA

Il y avait trois mois que j'étais à Londres, et je me disposais à rentrer à Paris, sans qu'il eût été possible au comte d'Orsay d'arriver à fléchir le lord chancelier, qui persista dans son refus de laisser jouer *Richard d'Arlington* et la *Tour de Nesle*, lorsque je reçus la nouvelle que mes deux collaborateurs Benjamin Antier et Saint-Amand venaient, au mépris des conventions arrêtées entre nous, de vendre au libraire Barba le manuscrit de *Robert-Macaire*.

Je leur écrivis aussitôt pour leur exprimer l'étonnement que me causait ce procédé, auquel j'étais loin de m'attendre de leur part, ayant eu le soin de les informer avant mon départ du projet que j'avais arrêté, projet qu'ils s'étaient empressés d'approuver, du reste, de me réserver la propriété exclusive de la pièce, afin d'être le seul à pouvoir la jouer en province.

Après leur avoir exposé le préjudice inappréciable que cela pouvait mutuellement nous occasionner, je leur signifiai que je m'opposais formellement à ce qu'ils livrassent aucun manuscrit, ainsi que m'en donnait le droit mon double titre d'auteur-acteur.

C'est alors que, ne pouvant parvenir à se procurer *Robert-Macaire* par un moyen légal, et ne voulant cependant pas renoncer à son dessein, le libraire Barba attendit la reprise qui eut lieu aussitôt mon retour, ainsi que cela avait été convenu entre Mourier, mes collaborateurs et moi, et fit sténographier la pièce pendant une représentation.

Quelques jours après, il la mettait en vente, après avoir poussé le cynisme jusqu'à oser imprimer en tête de la brochure « qu'il poursuivrait tous les contrefacteurs ! » . . . .

. . . .

« Robert-Macaire ! s'est écrié mon avocat dans

ses conclusions, Robert-Macaire avait trouvé son maître!.. »

*
* *

Eh bien, le préjudice que j'avais prévu n'était rien, comparé à celui qui m'était réservé.

Non seulement, la pièce avait été mal sténographiée, avec des scènes tronquées, coupées, qui en dénaturaient le véritable sens, mais encore, livrée ainsi à la publicité, elle fut lue et commentée avec malveillance. Des allusions perfides éveillèrent l'attention de la censure qui la trouva immorale, incendiaire, révolutionnaire, que sais-je? et *Robert-Macaire*, après plus de deux cents représentations cependant bien inoffensives, tant aux Folies-Dramatiques qu'à la Porte-Saint-Martin, et même à l'Odéon, fut interdit non seulement dans toute la province, mais encore à Paris.

Atteint dans mes intérêts d'une façon aussi grave, j'assignai le libraire Barba en contrefaçon devant la police correctionnelle, et le tribunal de la sixième chambre, après avoir entendu les plaidoiries d'usage, rendit le jugement suivant :

« Attendu qu'il résulte de l'instruction et
« des débats contradictoires que Barba a traité
« de l'achat de la pièce de *Robert-Macaire*
« avec l'un des auteurs de cette pièce; que
« cet auteur ne lui a pas livré le manuscrit
« de cette pièce qui se trouvait entre les
« mains de Frédérick Lemaître, co-auteur de
« ladite pièce; que le sieur Barba, lorsque
« Frédérick Lemaître est venu à Paris, s'est
« adressé à lui pour obtenir la remise du ma
« nuscrit, en exécution de son traité; que le
« sieur Frédérick Lemaître s'est refusé à la
« remise du manuscrit, en déclarant qu'il ne
« consentait pas à ce que la pièce de *Robert-*
« *Macaire* fût imprimée;

« Qu'au mépris de ce refus Barba s'est pro
« curé la pièce en la faisant sténographier sur
« le théâtre où elle se représentait;

« Qu'au mépris des droits d'auteur du sieur
« Frédérick Lemaître, il a imprimé la pièce de
« *Robert-Macaire,* ce qui constitue un délit
« prévu par les articles 425 et 427 du Code
« pénal ;

« Le tribunal condamne Barba à 200 francs
« d'amende ;

« Statuant sur les conclusions de la partie
« civile afin de dommages-intérêts, le con-
« damne à payer à Frédérick Lemaître la
« somme de mille francs ; Ordonne l'affiche du
« présent jugement au nombre de cinquante
« exemplaires. »

Trois mois après, le jugement était confirmé
par la cour royale.

XVIII

KEAN

J'étais resté à Pierrefitte le temps qu'avait duré ce procès, et je me préparais à entreprendre une nouvelle tournée en province, lorsque Bayard et Dumanoir, alors directeurs du théâtre des Variétés, vinrent me relancer là avec des propositions d'engagement que j'acceptai d'autant plus volontiers, que l'interdiction de *Robert-Macaire* renversait le but principal de mon voyage.

Les dix-huit mois que je restai aux Variétés n'offrirent rien de bien remarquable ; les quelques créations que j'eus l'occasion d'y faire, telles que *Le Marquis de Brunoy, Nathalie, Scipion,* passèrent presque inaperçues ; le seul incident saillant de mon séjour à ce théâtre fut le succès de *Kean*.

Le manuscrit primitif, apporté aux directeurs par Théaulon et Frédéric de Courcy, renfermait bien une idée, mais manquait essentiellement de cette expérience scénique qui consiste à enchaîner les scènes de telle sorte, qu'en se succédant les unes aux autres, elles arrivent à donner en même temps que l'intérêt, la vie et la passion au drame.

Plus habitués à trousser lestement un couplet de facture, qu'à combiner quelque grande conception dramatique, les auteurs semblaient n'avoir compris du portrait qu'ils avaient tenté de tracer, du caractère qu'ils avaient essayé d'analyser, que le côté frivole sous lequel la foule indifférente apprécie encore aujourd'hui l'homme, dont l'unique préoccupation, le seul souci ne doit être, selon elle, que d'amuser le public. Le véritable esprit du comédien leur avait échappé, et ils ne s'étaient pas demandé ce qu'il fallait de temps, de travail, d'observation, pour faire parler et agir ces êtres imaginaires; ils ne s'étaient pas dit, que ce n'est

qu'après avoir longuement et silencieusement
approfondi le cœur humain, que ces hommes
qui s'appellent Garrick et Kean, Le Kain et
Talma, sont arrivés à animer et à faire vivre les
héros des grands maîtres classiques, en allant
les étudier dans les entrailles de leurs œuvres.

*
* *

Les directeurs du théâtre des Variétés crurent n'avoir rien de mieux à faire que de mettre
les deux auteurs en rapport avec Alexandre
Dumas, qui, passé maître en ce genre de travail, se chargea du remaniement de la pièce.

C'était la première fois que Dumas et moi
nous nous trouvions en relations, depuis le
conflit de la *Tour de Nesle,* où son indifférence
vis-à-vis de moi avait été pour le moins légère.
Le premier abord fut un peu froid, mais il avait
trop d'esprit, pour qu'on pût lui tenir longtemps
rigueur; je pris la main qu'il me tendait, et le
succès fit le reste.

Dumas était une coquette qu'on était obligé
d'accepter avec ses qualités et ses défauts, ses

enthousiasmes et ses frivolités; il fallait l'aimer sans lui demander à être payé de retour; son cœur était tellement ouvert à tout le monde, que l'on s'y coudoyait sans y trouver de place.

La comédie de *Kean* est sans contredit une des plus fines et des plus complètes qui soient tombées de sa plume; tout le premier acte est un chef-d'œuvre de persiflage diplomatique. Après l'acte de la loge qu'il m'avait abandonné, la scène, où miss Anna Damby vient consulter Kean sur son désir ardent de se mettre au théâtre, est une peinture vivante de l'art dramatique, que devraient lire et méditer souvent les pauvres esprits malades qui rêvent d'embrasser cette carrière, que Kean compare à une médaille portant deux couronnes, « l'une de fleurs, l'autre d'épines ! »

Après avoir tracé à la jeune fille un sombre tableau des peines et des déceptions qui l'attendent dès ses premiers pas, des jalousies et des intrigues de ses rivales, qui ne reculeront devant rien pour l'empêcher de parvenir, il en arrive à lui parler de la critique :

« Vous ne connaissez pas, lui dit-il, nos

« journalistes. Il en est qui ont compris leur
« mission du côté honorable, qui sont parti-
« sans de tout ce qui est noble, défenseurs de
« tout ce qui est beau, admirateurs de tout ce
« qui est grand. Ceux-là, c'est la gloire de
« la presse, ce sont les anges du jugement
« de la nation. Mais il en est d'autres que l'im-
« puissance de produire a jetés dans la criti-
« que. Ceux-là sont jaloux de tout, ils flétris-
« sent ce qui est noble, ils ternissent ce qui est
« beau, ils abaissent ce qui est grand ! » . . . .

 .   .   .   .

Et il en sera toujours ainsi tant que l'ignorance aura le droit de critique ; tant que le premier venu pourra s'embusquer derrière les
colonnes d'un journal, pour lancer son venin
sur ces gloires dont la France se montre si
vaine, et qu'elle est impuissante à protéger.

XIX

RUY-BLAS

L'élan donné au drame depuis dix ans semblait devoir s'arrêter tout à coup.

Le Théâtre-Français qui, au surplus, n'avait jamais été son véritable terrain, était retombé plus que jamais sous l'empire de la tragédie, depuis l'apparition de Rachel.

Le gouvernement, après avoir interdit le *Roi s'amuse*, et vu d'un œil inquiet le succès de *Marion Delorme*, avait accueilli la jeune tragédienne comme un nouveau messie, et l'avait prise sous sa protection en lui ouvrant grandes toutes les portes, bien certain qu'Hermione et Phèdre ne provoqueraient jamais aucune révolution.

La Porte-Saint-Martin, le seul berceau du drame, était à la veille de sa ruine par suite de la vanité constante de Georges, et de la coupable faiblesse de Harel. Après qu'on en avait successivement éloigné tout ce qui pouvait avoir un talent ou un mérite quelconque, le théâtre était devenu le refuge des ménageries et des exhibitions foraines.

Quant à l'Odéon, il n'y fallait pas songer ; la tradition, la seule peut-être qui soit encore observée aussi religieusement, a voulu que de tous temps on vît placé à la tête de cette scène, pourtant si belle et où l'on eût pu faire de si grandes choses, des hommes ne portant aucun intérêt à l'art élevé.

*
* *

L'émotion était grande cependant dans le monde des arts ; cette sorte de proscription occulte qui semblait peser sur le théâtre moderne soulevait de telles réclamations, que M. Guizot, alors ministre, ne crut pas devoir refuser à Victor Hugo, qui venait le solliciter au nom de tous, le privilège d'un théâtre essentiellement consacré au drame.

Ce privilège une fois obtenu et signé, Victor Hugo en fit aussitôt abandon à Anténor Joly, rédacteur en chef du *Vert-Vert*, un des journaux de l'époque qui s'était mis à la tête de ce mouvement littéraire, en protestant énergiquement contre l'état de choses existant.

Mais le pauvre diable était plus pauvre que Job ; il mit près de deux ans à chercher un emplacement et à se procurer les fonds nécessaires à son entreprise, et ce n'est que de guerre lasse qu'il finit par se jeter dans les bras d'un certain Villeneuve, vaudevilliste pour se dire quelque chose, mélomane par genre, et détestant le drame parce qu'il n'y connaissait rien ; aussi, bien que ce privilège auquel il se trouvait participer n'eût été accordé que pour cette exploitation exclusive, songea-t-il dès le premier jour à y joindre l'opéra-comique.

Anténor Joly, plus sourd que Quasimodo, n'avait pas plus de préférence pour un genre que pour un autre : ce qu'il avait souhaité avant tout, c'était d'être directeur, il l'était ; ce à quoi il s'attachait, c'était à conserver son bailleur de fonds; il laissa faire et le ministre aussi.

Après de longues hésitations pour arriver à fixer leur choix sur un terrain, ils s'arrêtèrent à la salle Ventadour, à laquelle ils donnèrent le nom de *Théâtre de la Renaissance*, et Victor Hugo y apporta *Ruy-Blas*.

*
* *

L'ouverture d'un nouveau théâtre essentiellement consacré au drame, avec un drame de Victor Hugo, alors que le pouvoir saisissait avec empressement toutes les occasions qui s'offraient à lui de combattre l'influence des idées nouvelles, parut comme une sorte de révolution littéraire. *Ruy-Blas* était une œuvre grandiose, et qui restera incontestablement comme la plus puissante du théâtre moderne.

La lutte fut gigantesque.

Victor Hugo, l'homme de l'opposition, avait ses ennemis comme ses partisans; pas un ne manqua à l'appel; les uns vinrent pour applaudir, les autres pour siffler. La censure, n'ayant pu trouver prise cette fois, fut remplacée par la presse officieuse qui discuta, disséqua, contesta l'œuvre.

Étrange anomalie que de voir le génie qui devrait planer libre et indépendant au-dessus de tout, esclave de ces deux forces, la censure et la presse, parfois aussi impuissantes l'une que l'autre à le comprendre.

La censure est une chose vendue qui ne s'appartient pas ; souvent ignorante et incapable, toujours courtisane et plate, dont le rôle pourrait être tout au plus toléré, si elle se contentait d'être une sorte d'agent moral appelé à mettre un frein aux insanités, qu'elle semble au contraire tolérer à plaisir dans ces lieux qu'il répugne de nommer, qui se décorent du titre de théâtre et n'en sont que la honte ; détestable produit d'une liberté mal comprise, mal appliquée, et qui n'a eu pour résultat que d'enfanter la licence au détriment de l'art; mais il devrait lui être interdit d'oser jamais porter la main sur les œuvres des maîtres.

Quant à la presse, dont la mission grande et honorable doit être d'instruire et d'éclairer les

masses, et non de les égarer, devenue l'apa-
nage presque exclusif d'une secte « que l'im-
puissance de produire a jetée dans la critique »,
et qui par conséquent n'a rien de commun avec
le génie, elle le comprime, avec le haut de
l'échelle également vendu, et le bas où fourmille
jaloux et envieux le troupeau qui, pour vivre,
est contraint de faire des abonnements *à tous
prix*.

*
* *

Ruy-Blas, selon certains critiques, n'était
qu'une composition vulgaire dont l'action per-
dait tout son intérêt, coupée qu'elle était par le
personnage épisodique de *Don César de Bazan*,
qui venait se jeter à la traverse et n'avait évi-
demment été placé là que pour servir à me
faire rentrer dans le drame, incapable que
j'étais, prétendaient-ils, depuis *Robert-Macaire*,
de reproduire toute autre figure !

Pauvre Hugo, à qui il fallait un prétexte
pour me tailler un rôle, quelle erreur avait été
la sienne ? Ce n'était ni *Edgard de Rawenswood*,

ni *Richard d'Arlington*, ni *Gennaro*, qu'il avait rêvé en écrivant *Ruy-Blas;* c'était *Robert-Macaire!* Et où avait-il l'esprit d'aller s'imaginer que son Ruy-Blas s'était transfiguré?. . . .

. . . .

*
* *

« Quant à M. Frédérick Lemaître, écrit
« Victor Hugo dans sa préface, qu'en dire?
« Les acclamations enthousiastes de la foule
« le saisissent à son entrée en scène et le sui-
« vent jusqu'après le dénouement. Rêveur et
« profond au premier acte, mélancolique au
« deuxième, grand, passionné et sublime au
« troisième, il s'élève au cinquième acte à
« l'un de ces prodigieux effets tragiques du
« haut desquels l'acteur rayonnant domine
« tous les souvenirs de son art. Pour les vieil-
« lards, c'est Le Kain et Garrick mêlés dans un
« seul homme; pour nous, contemporains,
« c'est l'action de Kean combinée avec l'é-
« motion de Talma. Et puis, partout, à travers
« les éclairs éblouissants de son jeu, M. Fré-

« dérick a des larmes, de ces vraies larmes qui
« font pleurer les autres, de ces larmes dont
« parle Horace :

Si vis me flere, dolendum est primùm ipsi tibi.

« Dans Ruy-Blas, M. Frédérick a réalisé
« pour nous l'idéal du grand acteur. Il est
« certain que toute sa vie de théâtre, le
« passé comme l'avenir, sera illuminée par
« cette création radieuse. Pour M. Frédérick
« la soirée du 8 novembre 1838 n'a pas été
« une représentation mais une transfigura-
« tion. »

*
* *

Avec toute autre administration, *Ruy-Blas*
eût été plus qu'un succès littéraire, la pièce
fût devenue un succès d'argent ; mais, le lendemain, on annonçait pompeusement la première représention de l'*Eau merveilleuse.*
Toutes les devises des confiseurs de Paris,
que M. Villeneuve était parvenu à réunir à
grand'peine, avaient fini par fournir un nom-

bre de rimes suffisant pour composer un opéra-comique qui devait certainement remplacer avec avantage les vers de Victor Hugo, et, comme les cris de Fualdès étouffés sous le ronflement de l'orgue de La Bancale, le drame fut dès ce moment étouffé sous les flonflons de l'Opéra.

*
* *

La tragédie, portée sur les ailes de Rachel, reprit alors son essor d'autant plus librement.

Au surplus, la lutte, qui s'était engagée entre les classiques et les romantiques, avait rendu ceux-ci injustes envers la jeune tragédienne, qui, devenue, à son insu, chef de parti, tenait dignement le drapeau qu'elle avait entre les mains.

Rachel était née tragédienne et grande tragédienne, et il y aurait ingratitude à contester sa puissance, dans le but unique d'amoindrir la tragédie.

Nier le génie de la tragédie, pour exalter la venue du drame, serait aussi fou que de nier

Corneille et Racine, pour faire place à Shakespeare et à Victor Hugo. A deux siècles d'intervalle, les mœurs ont transformé le théâtre, comme elles transforment toutes choses, mais le génie n'en demeure pas moins le génie. De même que, dans deux siècles, *Ruy-Blas* sera toujours une œuvre admirable, de même *Andromaque* et *Cinna* sont encore aujourd'hui ce qu'ils étaient, il y a deux cents ans.

C'est en cela que consiste le génie du comédien.

C'est en cela qu'après s'être identifié avec le poète et avoir en quelque sorte donné une seconde vie à la créature dont l'enfantement leur est devenu commun, la vie qui parle à côté de celle qui pense, il appartient au comédien de faire parler et agir cette créature, comme on parle et comme on agit à l'heure où il existe, sans que pour cela son âme cesse d'être la même.

C'est là ce qu'ont fait dans ce siècle Rachel et Talma.

Ils ont fait la tragédie, drame, en la parlant comme on parle le drame.

Rachel faisait d'*Andromaque* un drame par l'accent avec lequel elle demandait à Cléone :

. . . . . Fais-tu venir Oreste?

Comme Talma avait fait de Cinna un drame, en disant :

« Cinna, tu t'en souviens, et veux m'assassiner ! »

*
* *

Anténor Joly, placé entre les prétentions des chanteurs d'un côté, et les plaintes et les récriminations des dramaturges de l'autre, en était arrivé à ne plus savoir où donner de la tête, quand, sur ces entrefaites, Alexandre Dumas, qui lui avait fait engager Mlle Ida Ferrier, depuis Mme Alexandre Dumas, vint lui offrir deux pièces pour ses débuts, en lui laissant le loisir de choisir entre les deux.

L'une était écrite en vers, l'autre en prose ; il destinait au Théâtre-Français celle qu'il ne prendrait pas.

Anténor Joly, croyant donner satisfaction à ceux qui lui reprochaient d'avoir abandonné la cause qu'il avait défendue, lorsqu'il n'était que rédacteur du *Vert-Vert*, et manqué aux engagements contractés envers tous les auteurs dramatiques en général, dans la personne de Victor Hugo, qui l'avait doté avec tant de désintéressement d'un privilège que tant d'autres eussent envié, Anténor Joly pensa faire acte de bonne administration, en donnant la préférence à la pièce en vers, sans en demander la lecture.

Son choix ne fut pas heureux; la pièce en vers était *l'Alchimiste;* la pièce en prose *Mademoiselle de Belle-Isle.*

On sait le reste.

L'Alchimiste, dont l'intrigue fort ordinaire, était tirée d'un conte italien, de Grazzini, n'obtint qu'un succès négatif, et n'eut qu'un nombre assez restreint de représentations. *Mademoiselle de Belle-Isle*, la dernière création de Mlle Mars, est restée encore aujourd'hui au Théâtre-Français, comme un chef-d'œuvre du répertoire.

La plume d'Alexandre Dumas, si facile quand elle faisait parler Richelieu ou Mme de Prie, ou qu'elle courait sur les feuillets d'un roman, semblait mal à son aise, forcée de se renfermer dans les douze syllabes d'un alexandrin. L'imagination de Dumas était rebelle à cette forme ; il lui fallait le détail, le développement, l'espace.

Tout l'opposé de Victor Hugo, dont la pensée concise contient quelquefois un monde dans un mot. Quand l'un rêvait, l'autre parlait; quand Alexandre Dumas écrivait *Henri III* ou *Monte-Christo*, Victor Hugo méditait *Hernani* ou *Cromwell*.

XX

BALZAC. — VAUTRIN

Pendant ce temps, la Porte-Saint-Martin achevait de se débattre dans les dernières convulsions d'une catastrophe imminente. Définitivement transformé en cirque, ce malheureux théâtre n'avait plus d'autres ressources que de faire alterner des jongleurs arabes avec les lions et les tigres de Van-Amburg, à qui l'on jetait de temps en temps en pâture un drame tel que *La duchesse de la Vanbalière*, *Périnet Leclerc* ou le *Manoir de Montlouvier*, comme lever de rideau.

Plus sombre que Marius à Minturnes, je regardais ces ruines de ma terrasse de Pierrefitte, quand je fus tout étonné d'y recevoir un jour la visite de Théophile Gautier.

Depuis quelque temps., Théophile Gautier faisait déjà parler de lui comme un de ces rares critiques qui, par l'impartialité de leurs jugements, ont honoré la presse, et dont elle doit être fière. Le jeune et spirituel feuilletoniste, qui m'avait toujours témoigné autant de sympathie, que je professais d'estime pour son talent et sa personne, venait en ambassadeur m'annoncer que Balzac, cédant aux instances de Harel, avait donné son drame de *Vautrin* à cette même Porte-Saint-Martin, en signifiant, avant toute chose, qu'il ne voulait d'autre commentaire de son œuvre que moi ; qu'il avait plein pouvoir pour traiter, et qu'il m'attendait le lendemain aux Jardies pour déjeuner et causer de l'affaire.

Je n'eus garde de refuser l'invitation, et le lendemain, à l'heure convenue, je sonnais à la grille du grand romancier.

*
* *

Je ne connaissais de Balzac que ses œuvres ; je ne l'avais jamais vu. Je fus frappé à l'aspect

étrange de cet homme, à la vue de ce front
haut et proéminent, encadré dans une longue
chevelure noire et rejetée en arrière ; ces yeux
vifs et perçants, ce sourire à la fois moqueur
et doux, tout indiquait que le génie était là.

On me l'avait dit laid ; je le trouvai superbe.

J'avais lu ses livres, il m'avait vu jouer ;
nous eûmes bientôt fait connaissance.

Pendant le déjeuner, auquel assistaient
Théophile Gauthier et Laurent Jan, qui tous
deux collaboraient avec lui, et qui fut servi
dans le corps de logis occupé par son jardinier,
car le pavillon qu'il comptait habiter attendait
toujours les ouvriers, je fus à même de pouvoir
apprécier cette faconde brillante, cette dépense
d'imagination, en même temps que cet esprit
d'observation qui perçait dans la moindre de
ses paroles.

Lorsqu'on eut quitté la table pour passer au
jardin, Balzac me remit le manuscrit de *Vautrin*, dont il venait de me tracer à grands traits
les scènes principales, me laissant le soin d'étudier à la lecture le caractère du personnage

principal, que je connaissais déjà d'après le *Père Goriot*.

— Lisez vite, me dit-il, car le temps presse; Harel est aux abois, et je vous avoue que, de mon côté, de graves intérêts dépendent de la prompte réussite de ce drame.

*
* *

Il ne voulut pas me laisser partir avant de m'avoir fait visiter sa villa jusque dans ses moindres détails.

Située sur une éminence, l'habitation dominait la vallée de Ville-d'Avray, et le panorama que l'on découvrait de tous côtés était délicieux; mais les murs d'enclos ne s'étendaient guère au delà d'une centaine de mètres, et le jardin fort restreint et nouvellement planté d'arbres encore nains, offrait peu d'ombre.

Il devait, m'expliquait-il, acheter un bois touffu qui se trouvait à gauche; plus loin, une prairie qui s'étendait à droite; il projetait de faire venir l'eau et de creuser des bassins jusqu'à un lac ; il rêvait l'acquisition de toute la colline.

Il tint ensuite à me faire parcourir le pavillon du bas en haut, m'indiquant scrupuleusement la destination de chaque pièce. Ici, la salle à manger ; là, la salle de billard ; plus loin la salle de bains, les salons, les chambres à coucher ; il prenait le soin de m'expliquer, jusque dans les moindres détails, comment chacune de ces pièces serait décorée et tapissée, car, pour le moment, aucune tapisserie ou décoration ne dissimulait encore la blancheur des murs.

Ce travailleur infatigable, qui faisait la fortune des libraires et des journaux, sans pouvoir parvenir à faire la sienne, comptait sur le théâtre pour arriver à s'enrichir promptement, et les droits d'auteur de *Vautrin* étaient peut-être destinés, dans sa pensée, à l'achèvement de cette crèche de son génie.

Nous nous quittâmes enfin, en prenant rendez-vous pour le surlendemain à Pierrefitte.

*
* *

Balzac y vint avec Harel et Porcher.

Porcher était une individualité parisienne. Simple marchand de billets à la Porte-Saint-Martin et à l'Ambigu, en 1826, il était successivement arrivé, grâce à son intelligence, à occuper l'emploi de chef de claque dans presque tous les principaux théâtres de Paris. Il avançait de l'argent aux auteurs dans la gêne, lorsqu'ils avaient une pièce reçue dans un théâtre, et aux directeurs dans l'embarras, moyennant une certaine rétribution de billets, qu'il avait le droit de vendre à la porte. Il fut souvent la providence des uns comme des autres, et je n'éprouvai aucune surprise de le voir arriver en compagnie de Balzac et de Harel.

Comme Balzac me l'avait dit aux Jardies, deux jours auparavant, cela pressait; le malheureux Harel était à deux doigts de la faillite. Les acteurs ne consentaient à jouer, que parce qu'on leur faisait entrevoir l'apparition d'un premier ouvrage de Balzac au théâtre, comme une mine d'or qui devait enrichir tout le monde.

Les créanciers et les fournisseurs se trouvaient dans la même situation.

L'un d'eux, plus vindicatif que les autres, après avoir obtenu prise de corps, avait fait mettre le jugement à exécution. Ce n'est que par un stratagème des plus incroyables que Harel, alors qu'il était déjà dans le fiacre et en route pour la maison de Clichy, parvint non seulement à se faire relaxer par le garde du commerce, un nommé Bougnol, que tous les artistes connaissaient, mais encore à lui emprunter mille francs en le quittant !

De tels expédients ne réussissent pas toujours, et le même fait pouvait se présenter de nouveau, sans avoir un résultat aussi inattendu et surtout aussi heureux. Il n'y avait pas, en effet, de temps à perdre. Harel venait donc, non seulement pour s'assurer de mon consentement, mais encore pour fixer au plus vite le jour de la première répétition.

— Ma présence au théâtre, disait-il, devait rendre confiance à tout le monde.

Balzac n'était pas moins pressé, et bien qu'après lecture, j'eusse reconnu qu'il y avait fortement à faire pour que la pièce fût en état de se tenir sur ses pieds, il fut décidé que les études commenceraient immédiatement, et que l'on ferait, pendant le cours des répétitions, les changements reconnus nécessaires.

*
* *

Mais ils avaient compté sans la sempiternelle censure qui, cette fois encore, guettait sa proie, comme le loup au coin du bois.

Trois fois elle rejeta *Vautrin*.

Ce n'est que lorsque M. de Rémusat arriva au ministère, qu'il osa seul en autoriser la représentation, à la condition expresse, ajouta-t-il cependant, que si le rapprochement, que l'on voyait, ou plutôt que l'on voulait voir entre *Vautrin* et *Robert-Macaire*, venait à provoquer la moindre manifestation, la pièce serait immédiatement interdite.

Pendant le temps que durèrent tous ces pourparlers, le drame subit d'importantes modifications.

Balzac était bien la meilleure composition d'auteur qu'on puisse imaginer : lui signalait-on une scène dangereuse, il la refaisait ; lui démontrait-on qu'un acte s'enchaînait mal avec le précédent, il recommençait l'acte sans la moindre objection.

Un jour, il m'écrivait :

— « Cher Maître, ce soir, à dix heures, j'irai vous lire notre nouveau dénouement ; je crois que je suis dans les eaux de Molière jusqu'au cou ! »

Le soir venu, il lisait ; son dénouement était impossible, et, quand je lui eus fait valoir mes raisons, il remit tranquillement son manuscrit dans sa poche en disant :

— « Bon, je vais le refaire en entrant ! »

A côté de cette bonhomie, il avait la noble conscience de son génie ; il en convenait simplement, sans orgueil, avec majesté.

— C'est bien beau *Eugénie Grandet,* lui disais-je dans une de nos longues conversations ; c'est aussi fort que Molière.

— C'est peut-être plus fort, me répliqua-t-il ; Molière a fait *l'Avare,* j'ai fait *l'Avarice.* . . . .

. . . .

*
* *

Vint la répétition générale de *Vautrin*.

Les divers travestissements que j'avais à prendre dans le courant du drame demandaient nécessairement autant de physionomies différentes. Avant tout, je résolus de donner au personnage de Vautrin le type de Vidocq, en imitant sa voix rauque et son geste brutal ; le vieux diplomate allemand du deuxième acte me fit songer à Talleyrand ; la figure sombre et sévère de Napoléon convenait, selon moi, au Jacques Collin du cinquième acte ; enfin, j'imaginai de donner au général mexicain, Crustamente, l'allure soldatesque de Murat : une taille élevée, des cheveux et des favoris noirs et touffus devaient compléter la ressemblance.

L'explication de ces différents types, avec lesquels il a composé son personnage, ont inspiré à Théophile Gautier les quelques lignes suivantes qui donneront un aperçu de ce qu'il fut dans ce rôle formidable :

« C'est, décidément, le plus grand comédien
« du monde : les moindres mots prennent dans
« sa bouche une profondeur et un accent sin-
« guliers, et de la phrase la plus insignifiante,

« en apparence, il fait jaillir une lueur fauve,
« inattendue, qui éclaire tout le drame. Comme
« Protée, il prend toutes les formes ; tantôt
« vieux baron allemand, pied-bot et bossu ;
« tantôt ambassadeur mexicain, grand, gros,
« basané, avec des favoris violents et un toupet
« pyramidal. Chez lui, à le voir si bonhomme,
« en pantalon et en veste de nankin, avec un
« chapeau de planteur, vous le prendriez pour
« Napoléon à Saint-Hélène ; et tout à l'heure il
« va se dresser comme un autre Van-Amburg,
« et faire ployer, sous les torrents magnifiques
« de son regard, tout une ménagerie de forçats
« en révolte ; ironie, tendresse, fureur, sang-
« froid ; toutes les octaves du clavier ont été
« parcourues par cet acteur sans rival. »

Trois commissaires délégués par la censure
assistaient dans la salle à la répétition et se retirèrent, lorsqu'elle fut terminée, sans avoir
trouvé à soulever la moindre objection.

Cependant un incident, dont les suites devaient être si déplorables pour tout le monde, s'était passé à leur insu.

Pendant le quatrième acte, Moëssard, régisseur général du théâtre, qui se tenait assis auprès de Harel, se pencha vers lui, en murmurant tout bas à son oreille :

— Ne trouvez-vous pas que monsieur Frédérick ressemble à Louis-Philippe ?

— Taisez-vous donc ! répondit vivement Harel, en le poussant du coudé.

Et le maladroit, sans calculer les conséquences qui pouvaient résulter d'une allusion du plus mauvais goût, à laquelle personne n'avait songé, et que le hasard seul lui suscitait, fit aussitôt appeler Petit, le coiffeur du théâtre.

— Demain, lui insinua-t-il, en coiffant la perruque de monsieur Frédérick, donnez donc un peu plus d'élévation au toupet, et surtout ne lui en dites rien.

Le coiffeur obéit sans demander pourquoi.

Le soir de la première représentation, à part quelques sifflets qui, à de rares intervalles, vinrent se mêler aux applaudissements, tout marcha à peu près pendant les trois premiers actes.

J'avais peu de temps à moi, pour effectuer le changement qu'il me fallait faire, afin de me trouver en général mexicain, et, bien que je fusse à peine prêt lorsqu'on vint me demander si l'on pouvait commencer, je répondis :

— Oui !

On me présenta ma perruque ; voulant la poser moi-même, je me mis vivement devant une glace. Il me sembla qu'elle me faisait une physionomie étrange ; je ne savais comment l'ajuster, quand on revint de nouveau pour m'annoncer que c'était à moi à paraître.

Avant que j'eusse le temps de me rendre compte de l'effet qu'elle pouvait produire, j'entrai en scène.

Deux coups de sifflet partirent du fond de la salle.

Je demeurai calme d'abord, ne m'expliquant pas la raison qui pouvait motiver cet accueil brutal, mais bientôt un bourdonnement sourd, après avoir parcouru toutes les galeries, apporta ces mots à mon oreille : « *Le roi! Louis-Phi-lippe !* »

Je compris tout.

J'essayai néanmoins de faire bonne contenance et de lutter contre l'orage. Ce fut en vain.

Le duc d'Orléans, qui assistait dans l'avant-scène à la représentation, quitta sa loge avant la fin de l'acte, qu'on ne put terminer qu'au milieu d'un tumulte toujours croissant.

Au cinquième acte, le public, un peu plus calme en apparence, se réveillait à tous propos pour saisir avec empressement chaque mot qui pouvait prêter à une allusion, et le rideau tomba pour la dernière fois au milieu d'une agitation sans exemple.

Le drame était tué, et la mauvaise gestion de Harel ne tarda pas à porter ses fruits.

Le duc d'Orléans, en sortant du théâtre, s'était fait immédiatement conduire aux Tuileries, où le roi apprit de sa propre bouche le scandale qui se produisait à la Porte-Saint-Martin. On fit aussitôt venir M. de Rémusat, et le lendemain la pièce était interdite.

Quinze jours après, Harel était déclaré en faillite, et le théâtre définitivement fermé.

Victor Hugo, que Balzac remercie dans sa préface de l'appui qu'il lui prêta en cette circonstance, accompagna l'auteur de la *Comédie humaine* chez monsieur de Rémusat, et, pendant près de deux mois, fut vainement plaidée la cause de *Vautrin*.

Le ministre demeura inflexible.

Tout ce qu'ils purent obtenir, ce fut que le théâtre de la Porte-Saint-Martin serait autorisé à rouvrir provisoirement, sous la responsabilité de Balzac, et bien entendu avec une tout autre pièce que *Vautrin*.

Cette tentative directoriale, de la part de Balzac, fut la source et l'origine de *Mercadet*.

Il me proposa de m'associer à lui.

Il y avait tant de similitude entre la situation

de Balzac et la mienne, que ces tribulations communes avaient fini par établir entre nous une sorte d'intimité qui nous faisait pour ainsi dire inséparables.

Cette interdiction de *Vautrin* nous frappait également dans nos intérêts.

Le procès, qu'il avait eu à soutenir quelque temps auparavant contre une Revue qui faisait publier en Russie , avant qu'il n'eût paru à Paris, son livre de *Séraphita*, avec autant de délicatesse que le libraire Barba en avait mis à faire sténographier *Robert-Macaire*, lui avait été aussi préjudiciable, en lui fermant momentanément les colonnes des grands journaux et des revues, que l'impression de *Robert-Macaire* m'avait été funeste, en faisant interdire la pièce par la censure.

Toutes ces déceptions, morales et physiques, nous avaient jetés dans les bras l'un de l'autre, comme pour nous engager à nous unir pour lutter ensemble contre la mauvaise fortune qui paraissait vouloir s'acharner après nous.

Que de nuits passées à jeter sur le papier des intrigues ignorées, que de mondes inconnus,

que d'enfantements de personnages imaginaires et cependant vivants, que de types
conçus et demeurés dans le néant? Balzac
rêvait de transporter tous ses livres au théâtre.
Quels caractères à créer que ces grandes figures
de Goriot et de Grandet?

Un soir que nous étions bien résolus à fixer
enfin notre choix, Balzac s'écria :

— Mais vous, mon cher Frédérick, vous
avez autant que tout cela; vous avez votre
Robert-Macaire.

Robert-Macaire est à cette heure une création
puissante, comme Panurge, comme Falstaff,
comme Sancho, la trinité bouffonne, immor-
telle aïeule de Gil-Blas, de Figaro et de Pan-
gloss. C'est un personnage à part, un caractère jeté à la foule comme un type résumant
en lui les traits épars d'une époque ; une sorte
de bouc émissaire chargé de toutes les iniquités
d'une société, et créé pour la représenter, traits
pour traits. Malheureusement, *Robert-Macaire*
n'est pas écrit; vous êtes l'homme de la pensée,
vous n'êtes pas l'homme de la plume. Eh
bien! je serai la plume. Écrivons un nouveau

Robert-Macaire ; ce sera un composé de *Vautrin,* de *Tartuffe,* de tout ce que vous voudrez, mais qui sera toujours la personnification de ce qui se passe autour de nous.

— Mais la censure, lui répondis-je, qui justement nous châtre tout cela ?

— La censure ? continua Balzac, nous la dépisterons ; nous appliquerons un masque à notre Robert-Macaire, à notre Vautrin, à notre Tartuffe ; nous l'appellerons *Mercadet.* . . . .

. . . .

**
* **

Ce qui fut dit fut fait.

Le temps, employé aux démarches nécessaires pour cette réouverture de la Porte-Saint-Martin, fut consacré par Balzac à jeter les premières scènes d'une comédie nouvelle, *Mercadet,* dont la donnée n'était autre qu'un accouplement des deux personnages de Vautrin et de Robert-Macaire, moins le bagne.

La pièce était en cinq actes et permettait de

donner un large développement au caractère unique de ce double type.

Une scène au troisième acte, où Mercadet, tourmenté par l'idée de fonder un grand journal, « s'adressant à toutes les bourses ! », menaçait ses actionnaires de se brûler la cervelle devant eux, s'ils ne répondaient pas à son nouvel appel de fonds, et où ceux-ci, après lui avoir arraché ses pistolets des mains, s'exécutaient, séance tenante; cette scène, écrite par Balzac, était à elle seule tout un poème.

Malheureusement, les difficultés sans nombre qui surgirent de tous côtés l'empêchèrent de profiter de l'autorisation qui lui avait été accordée par le ministre, et la pièce en resta là.

Aujourd'hui *Mercadet*, coupé, taillé par Adolphe Dennery, mis en possession du manuscrit après la mort de Balzac, fait partie du répertoire du Théâtre-Français.

A l'instar de ce qui se passe journellement dans la société, les deux proscrits coudoient, sous un faux nom, dans la maison de Molière,

Mascarille et Scapin, avec qui ils s'entendent parfaitement.

Eux aussi sont devenus classiques comme le vice.

XXI

LES FRÈRES COGNIARD

Au nombre des obstacles qui vinrent entraver ce projet de réouverture, la question pécuniaire ne fut pas la moindre de toutes. Les bailleurs de fonds, sur lesquels Balzac avait cru pouvoir compter, lui firent défaut au dernier moment.

D'un autre côté, les frères Cogniard, qui sollicitaient en même temps ce privilège tant envié de la Porte-Saint-Martin, profitèrent de ce retard pour réunir à la hâte les fonds nécessaires à l'exploitation, en s'adjoignant comme associés les deux frères Meinot. Fortement appuyés auprès de M. de Rémusat, bien aise intérieurement d'évincer ainsi Balzac, dont il redoutait quelque nouvelle excentricité, les frères Cogniard l'emportèrent sur tous les autres postulants.

Balzac découragé renonça momentanément au théâtre pour ne plus songer qu'à ses livres.

*
* *

Au surplus, Théodore et Hippolyte Cogniard étaient deux hommes d'esprit; non seulement ils avaient fait de fort jolies pièces, toutes couronnées de succès, mais ils jouissaient encore de la sympathie générale. Bientôt ils surent se montrer aussi bons administrateurs qu'habiles vandevillistes, et rendirent enfin à ce malheureux théâtre de la Porte-Saint-Martin, tombé si bas sous Harel, le rang qu'il devait occuper dans la hiérarchie artistique.

On les accusa bien, pendant les huit années qu'ils tinrent le sceptre directorial, d'avoir un peu trop sacrifié aux muses de la danse et de la féerie; mais furent-ils aussi coupables qu'on a bien voulu le dire, et avaient-ils la possibilité de choisir aussi largement que leur prédécesseur?

Victor Hugo semblait avoir pris la résolution de ne plus travailler pour le théâtre ; Frédéric Soulié, attaché par des relations d'amitié à l'Ambigu, réservait exclusivement toutes ses productions pour ce théâtre, et Alexandre Dumas, possesseur d'un privilège qu'il rêvait depuis si longtemps, ne songeait plus qu'à faire bâtir le Théâtre-Historique, tout en élaborant ses volumineux romans d'où il comptait tirer ensuite son immense répertoire.

Il ne restait donc plus aux frères Cogniard d'autre ressource que de s'adresser aux dramaturges fournisseurs habituels des théâtres des boulevards, ce qu'ils firent en ouvrant leurs portes à Bouchardy, à Anicet Bourgeois, à Dennery et à Dumanoir.

Il est vrai que leurs féeries et leurs ballets occupaient longtemps l'affiche, une fois qu'ils en avaient pris possession, mais ils les confectionnaient eux-mêmes, et dame, comme M. Josse, avant tout ils étaient... auteurs !

*
* *

Le premier acte de leur administration cependant fut d'aller trouver Victor Hugo, et de lui demander *Ruy-Blas* comme étant la seule œuvre capable d'inaugurer grandement le retour du drame à la Porte-Saint-Martin, et, pour prévenir toute objection de sa part, ils se hâtèrent de lui donner connaissance de l'engagement qu'ils étaient venus me faire contracter, le jour même de leur entrée en possession du privilège, et qui me liait avec eux pour cinq ans.

Ils se retirèrent avec la parole de Victor Hugo.

Le succès de la reprise de *Ruy-Blas* à la Porte-Saint-Martin fut colossal, et surpassa la soirée de sa création sur le théâtre de la Renaissance. Le drame, dégagé de ces mesquines jalousies qui ne manquent jamais d'accompagner une œuvre véritable à sa première audition, religieusement écouté cette fois par un public impartial, apparut dans tout son éclat. De plus, Victor Hugo, réconcilié avec Louis-Philippe, et à la veille d'être nommé pair de France, avait su se rallier la majorité

de la critique, cette girouette des gouvernements.

* * *

Deux créations suivirent la reprise de *Ruy-
Blas* : *Paris le Bohémien*, un des drames les plus
sombres du répertoire de Bouchardy, dont le
seul mérite était de servir de prétexte au personnage pour se faire voir sous différents travestissements, et *Mademoiselle de la Vallière*,
d'Adolphe Dumas.

La pièce de Dumas, bien que renfermant
de fort beaux vers, et intéressante sous plus
d'un rapport par la façon dont elle présentait
ces deux figures toujours si sympathiques
de la Vallière et de Molière, manquait cependant de cette spontanéité, de cet imprévu
qui seuls font le succès.

Mademoiselle de la Vallière, comme *Paris le
Bohémien*, n'eurent l'un et l'autre qu'une réussite peu retentissante, qui obligea la direction
à reprendre successivement quelques ouvrages
du répertoire, tels que *Richard d'Arlington*,

Kean, en attendant *Les Mystères de Paris*, dont le succès, obtenu par le roman dans lequel Eugène Sue s'évertuait à tailler un drame en collaboration avec Goubaux, révolutionnait alors tout le monde.

XXII

LES MYSTÈRES DE PARIS

J'étais journellement à même de rencontrer Eugène Sue au Collège Chaptal, dont Goubaux était à la fois le directeur et le fondateur, et où j'avais fait entrer mes trois fils pour achever leurs études.

Goubaux et moi nous nous connaissions depuis 1826; nous avions eu ensemble deux de nos plus grands succès, *Trente Ans* et *Richard*; son caractère honorable et bon me faisait l'aimer comme un frère, et j'étais certain qu'en lui mes enfants trouveraient un second père.

Je passai souvent de longues heures enfermé avec lui et Eugène Sue, et je fus plus que jamais à même de pouvoir me convaincre de la difficulté matérielle qu'il y a à résumer vingt volumes dans un seul drame.

A cet enfantement déjà si laborieux vinrent se joindre encore une fois les tracasseries soulevées par la censure. Il fallait couper telles scènes, retrancher tel acte, supprimer tels personnages. On craignait ceci, on craignait cela, on craignait tout! A ce point qu'auteurs et directeurs en arrivèrent à craindre un moment que leur pièce ne fût défendue, comme on avait défendu *Vautrin*, comme on avait défendu *Robert-Macaire*, comme on avait défendu le *Roi s'amuse*.

Ces infatigables censeurs avaient-ils cru voir dans le Chourineur, dans le Maître d'École, dans Jacques Ferrant, des allusions à certains personnages en place, comme ils en avaient vu dans *Triboulet*, dans *Robert-Macaire* et dans *Vautrin*?

Peut-être eussent-ils été fort embarrassés de répondre.

*
* *

Le jour de la première représentation, l'effervescence était générale. Dès deux heures de l'après-midi, toutes les issues du théâtre étaient envahies, et la police se trouvait dans la nécessité de requérir la garde municipale pour maintenir la foule et rétablir la circulation complètement obstruée sur les boulevards. A sept heures du soir, au moment de commencer le spectacle, une stalle d'orchestre se vendait à la porte deux cents francs.

C'était de la frénésie.

La pièce, montée avec le plus grand soin par les Cogniard, fut remarquablement rendue par les artistes. Clarence, Raucourt, Jemma, Eugène Grailly, Mesdames Rey, Grave, qui composaient la tête de cette troupe d'élite dont l'ensemble se rencontre rarement aujourd'hui, rivalisèrent de zèle.

Certains tableaux furent l'objet d'une véritable ovation. La *Cité*, le *Cabinet de Jacques Ferrant*, la *Mansarde des Morel*, l'*Ile des ravageurs*, étaient les peintures fidèles des scènes si énergiquement tracées par Eugène Sue dans son roman. D'autres furent moins heureux ; on en siffla même quelques-uns.

Bref, le drame fut trouvé décousu ; il manquait d'intérêt, parce qu'il manquait d'homogénéité.

Le théâtre avant tout exige l'unité d'action, et laisser éloigné de la scène, même pendant un seul acte, le personnage dont le spectateur a fait d'avance son héros, c'est briser les anneaux d'une chaîne dont les deux extrémités sont, l'une les rires, l'autre les larmes.

Le développement d'un roman où s'agitent deux cents personnes entraîne naturellement la multiplicité des intrigues ; au théâtre, où l'on ne doit s'attacher qu'à une, celle-ci devient insuffisante à satisfaire les appétits du public affolé par la lecture du livre, et qui demande à tout voir.

Essayer de réunir toutes ces intrigues, c'est briser l'unité d'action, c'est détruire l'intérêt, première base du succès.

Les Mystères de Paris, grâce à la vogue du roman, n'en tinrent pas moins l'affiche pendant trois mois.

« Quel admirable acteur! s'écrie Théophile
« Gautier dans son feuilleton où il rend compte
« de la représentation, quel sang-froid et
« quelle passion, quand sous le nom de Barbe-
« Rouge, il vient commander un assassinat au
« maître d'école; comme il a la parole froide,
« brève, aiguë! comme on sent bien que c'est
« la cervelle qui parle au bras! Avec quel
« calme effroyable, au moment où la victime
« rend le dernier soupir dans l'allée ténébreuse
« où l'a poussée le maître d'école, il jette à la
« poste la fausse lettre qui doit expliquer le
« crime par un suicide! Et ensuite, quand on
« le retrouve dans son étude, débarrassé de
« ses favoris roux, l'air béat et paterne, l'œil
« amorti par les lunettes, le dos rond, les mains
« molles et tremblantes, comme cherchant des
« papiers par un mouvement machinal, le pas
« lourd et traînant, on a vraiment peine à
« croire que ce soit le bandit de tout à l'heure,
« à l'allure ferme, au poitrail carré, au geste
« impérieux, hure parmi tous ces groins qui
« remuent les fanges de la Cité. De quel air
« attentif, débonnaire et désintéressé il écoute

« les froudroyantes confidences de la comtesse
« Sara Mac-Grégor. Avec quelle rouerie de
« Shylock, quand il avance au pauvre Morelle
« cinq cents francs dont il a besoin, il em-
« prunte à son clerc Germain les trente-cinq
« francs qui lui manquent pour compléter la
« somme. Et lorsque tout le monde est parti,
« comme il ferme les volets, les serrures, les
« verrous, pour aller retirer de sa cachette le
« coffre qui renferme son or! son or! c'est-à-
« dire tous les vices, tous les plaisirs, toutes
« les débauches, tous les crimes réduits en
« petits disques jaunes, rutilants dans l'ombre
« comme des yeux de lion. Dans ce coffre il y
« a tout, des chevaux, des palais, des repas
« splendides, et la vertu des mères, et la pu-
« deur des filles. Aussi avec quelle volupté
« démoniaque, quel spasme de tigre mangeant
« une proie vivante, il plonge dans ce bain
« fauve ses bras d'athlète, devenus aussi ner-
« veux que ceux de Milon de Crotone. Cet or,
« ce sont les dépôts, attirés par la réputation
« d'honnête homme qu'il s'est faite, et qu'il ne
« rendra jamais ! Comme en jetant ses con-

« serves, il a pris subitement une physionomie
« hautaine, ravagée, effrayante, moitié satyre,
« moitié Lucifer. A cette transformation sou-
« daine, la salle éclate d'applaudissements.
« Pour comprendre et rendre ainsi un rôle, il
« faut plus que du talent, il faut du génie.
« Quelle puissance de séduction, quelle fasci-
« nation de serpent, et puis quelle rage, quels
« transports il déploie lorsqu'il peint à Fleur-
« de-Marie, dans l'île des Ravageurs, la passion
« irrésistible, inexorable qu'elle lui inspire.
« Avec quel accent il lui dit : « Pour te plaire,
« je serai bon, humain, charitable, réellement
« j'aurai toutes les vertus si tu m'aimes ! » Et
« voyant que ses supplications prosternées, que
« ses adorations de sauvage à son fétiche sont
« inutiles, comme il l'emporte d'un seul geste,
« d'un seul bond, en maître, en vainqueur, en
« homme qui redevient lui-même. Dans la
« scène de l'*aveuglement*, il atteint aux der-
« nières limites de l'effroi ; il est beau et ter-
« rible comme Œdipe antique ! »

Le succès des *Mystères de Paris* avait mis en appétit les auteurs à la mode.

Dumanoir et Dennery (Adolphe Dennery surtout, la monnaie de billon d'Alexandre Dumas, le grand *arrangeur* du moment, si toutefois le mot n'est pas un barbarisme, imbu de ce préjugé suggéré par certains biographes clairvoyants, qu'un de mes grands chagrins était de n'avoir pu créer en même temps et *Ruy-Blas* et *Don César)* s'imaginèrent de suppléer à cette impossibilité matérielle, en venant trouver Victor Hugo, pour lui demander de vouloir bien, ainsi qu'Abraham, sacrifier en ma faveur son fils... don César.

Comme Abraham, Victor Hugo consentit au sacrifice.

Le chant des lavandières de *Ruy-Blas* ayant inspiré aux auteurs l'idée d'immoler la victime sur l'autel d'une sorte d'opéra-comique, ils encadrèrent l'ami de Matalobos d'une guirlande de chœurs, de refrains et de couplets au milieu desquels Zaphari dut venir exhiber :

Sa cape en dents de scie et ses bras en spirale !

La tentative était hardie, le résultat en fut heureux. Le sujet était gaîment traité, la pièce écrite avec esprit, les couplets joyeusement tournés, le succès fut complet.

* * *

Mais la peau des grands hommes allait trop bien à Adolphe Dennery, pour qu'il ne s'y complût pas, et qu'il se résignât à s'arrêter en si bon chemin. Vite il se remit à la besogne; après avoir emprunté à Victor Hugo, il pensa à Voltaire, et résolut de se faire le défenseur de la vertu malheureuse et persécutée.

De même que Voltaire avait fait réhabiliter Calas, Adolphe Dennery rêva de tenter la réhabilitation de madame Lafarge; Anicet Bourgeois se mit de moitié dans cette œuvre philanthropique, et de leurs conceptions communes sortit *la Dame de Saint-Tropez.*

Si la justice n'a pas révoqué l'arrêt qui pèse sur l'infortunée, le public du moins s'est montré dès le premier jour favorable au plaidoyer d'Anicet Bourgeois et d'Adolphe Dennery, car, pendant deux mois, il vint s'attendrir sur les infortunes de la malheureuse Hortense d'Auterive, et trembler devant la fameuse glace où Georges Maurice aperçoit le traître lui verser le poison !

*
* *

« Rien d'effrayant et de sublime comme cette
« terreur muette en face du miroir qui lui révé-
« lait son véritable assassin ; la façon de se
« redresser pour repousser la main qui lui pré-
« sentait la mort ; l'horreur du cri suprême qui
« s'échappa alors de sa poitrine, firent parcou-
« rir dans toutes les galeries un immense fris-
« son. Le génie tout entier du comédien éclata
« dans ce seul mot : Assassin ! et brilla comme
« si un éclair eût en ce moment embrasé la
« salle. »

*
* *

Mon congé arrivant le 31 décembre, je fus forcé d'arrêter les représentations de la *Dame de Saint-Tropez*, pour me rendre de nouveau à Londres, où m'appelait un engagement contracté avec Mitchells, directeur du théâtre Saint-James.

L'année 1844 était une année heureuse pour les frères Cogniard ; trois succès consécutifs avaient suffi pour la remplir.

XXIII

MADAME DORVAL

Au mois de novembre 1845, comme je rentrais à Paris après une tournée de huit mois, la première chose qui frappa mes regards fut l'affiche de la Porte-Saint-Martin annonçant en grosses lettres *Marie-Jeanne*, pour les représentations de madame Dorval.

Je n'avais pas revu Dorval depuis la Renaissance, où elle répétait le *Proscrit* de Frédéric Soulié pendant que je jouais l'*Alchimiste*, et je me faisais une joie d'arriver à temps pour assister à sa rentrée.

Pauvre amie! que n'a-t-on pas dit sur elle aussi, que n'a-t-on pas écrit, et de quelle ingratitude n'a-t-elle pas été l'objet? Ceux-là même qui l'avaient le plus acclamée autrefois, la disaient aujourd'hui, vieille, usée, morte! heureux quand les autres n'allaient pas jusqu'à nier son passé.

C'est à se demander vraiment si le degré du génie ne se mesure pas à la dose de l'insulte.

Que les derniers venus, qui n'ont pu ni voir ni apprécier, dans la force et dans la puissance de son talent, un grand acteur qui ne peut laisser après lui que le souvenir, nient cette puissance et cette force, soit. L'homme est ainsi fait que son orgueil se refuse à accepter les gloires que lui a léguées le passé ; sa vanité n'admet pas que quelque chose de vraiment grand, de vraiment beau, ait jamais existé avant lui. L'original emporté par le temps et qu'il n'a pas connu n'est que fable et fiction ; il n'a pas vu, donc cela n'est pas.

De là, le doute.

Si Dieu était visible, il n'y aurait pas d'athée.

Mais que celui, qui a vu, qui a touché, qui, de son autorité privée, s'est fait juge et souverain, vienne le lendemain briser de sa propre main l'idole qu'il encensait la veille, c'est méchant, c'est ingrat, c'est lâche.

C'est Judas crachant à la figure du Christ après l'avoir baisé.

*
* *

Jamais Dorval n'avait été plus belle et plus grande comédienne qu'elle ne le fut dans cette création de *Marie-Jeanne* ; jamais elle n'avait trouvé de larmes plus amères, de cris plus déchirants, de bonds plus impétueux. C'était bien la lionne rugissant pour éloigner le danger de ses petits ; c'était bien la mère sanglotant pour attirer la pitié sur eux ; c'était réellement la maternité incarnée dans le cœur d'une femme.

Quand le rideau fut baissé, je quittai la salle que le public faisait crouler sous ses applaudissements, et je montai à la loge de Dorval. En m'apercevant, elle jeta un cri et se précipita dans mes bras ; ses yeux s'emplirent de larmes, et moi, le cœur gonflé, pressant dans les miennes ses deux mains qu'elle m'avait passées autour du cou, il ne me vint que ces mots sur les lèvres :

— Voyons ! il ne faut pas pleurer comme cela. . . . .
. . . .

Après *Marie-Jeanne,* il y eut une reprise de *Trente ans.* C'était la première fois, depuis *Béatrix Censi,* que Dorval et moi nous reparaissions ensemble sur le théâtre de la Porte-Saint-Martin, où il nous fut donné de retrouver quelques-unes de nos belles soirées d'autrefois.

*
* *

A cette reprise se rattache une plaisante anecdote, dont un certain premier rôle de province crut devoir par la suite faire une tradition.

Au troisième acte, Dorval portait un bonnet de tulle, de blonde, de dentelle, je ne saurais dire au juste. Dans la scène où Amélie, après avoir pris des mains de Georges pour le signer l'acte par lequel elle lui fait l'abandon de sa dot, Dorval, s'étant trop approchée de l'un des flambeaux posés sur le bureau, mit le feu aux rubans de son bonnet, et un malheur était inévitable, si je ne lui avais instantanément et sans prononcer un mot arraché de la tête le tulle que je mis dans ma poche après l'avoir étouffé entre mes mains.

Le mouvement avait été tellement spontané, que Dorval elle-même me regarda, stupéfiée, sans pouvoir se douter de ce qui venait de se passer.

Les quelques personnes placées dans la salle qui avaient pu s'apercevoir du danger applaudirent, et un journal du lendemain me complimentait sur ma présence d'esprit en ajoutant : « Que tout autre à ma place eût crié au feu et appelé les pompiers ! »

Parmi les spectateurs qui n'avaient vu que le mouvement d'un homme arrachant simplement le bonnet de sa femme pour le mettre dans sa poche, se trouvait le premier rôle en question qui, en entendant applaudir autour de lui, se dit :

— Voilà un effet auquel je n'avais pas songé !

Appelé à jouer *Trente ans* quelque temps après dans une ville quelconque, il n'eut garde d'oublier l'effet du bonnet, et, au moment où Amélie s'apprêtait à signer, il le lui arracha violemment, et le plongea dans le pan de son habit avec plus de dextérité encore !

Le public, surpris d'abord, se regarda bientôt avec crainte ; on chuchota, on crut à un cas d'aliénation mentale.

Notre premier rôle, n'entendant aucun applaudissement, se dit sans se déconcerter :

— Les ânes ! Ils n'ont pas compris !

Deux jours après, un abonné du théâtre, après l'avoir complimenté sur la façon remarquable avec laquelle il interprétait le personnage de Georges de Germany, se hasarda à lui demander :

— Pourquoi diable, au troisième acte, arrachez-vous la coiffe d'Amélie pour la mettre dans votre poche ?

— Comment, vous n'avez pas saisi ?

— Pas du tout.

— Mais c'est un des plus grands effets de Frédérick !

— Ah ! c'est un des plus grands effets de Frédérick ? répéta l'abonné tout ahuri. Eh bien, je ne m'en serais jamais douté !

Et voilà comme on écrit l'histoire.

*
* *

Ces représentations n'avaient eu pour but que d'attendre *Michel Brémont*, de Viennet, et *le Docteur noir*, d'Anicet Bourgeois et de Dumanoir, ce dernier surtout sur lequel les frères Cogniard comptaient pour en faire, ils l'espéraient du moins, le pendant de *Don César de Bazan*; mais *le Docteur noir*, pas plus que *Michel Brémont*, ne réalisèrent leurs espérances.

La pièce de Viennet, bien qu'écoutée avec attention, parut d'un classique pâle, froid, et ne renfermait aucun des éléments voulus pour porter sur le public du boulevard.

Ce fut un succès de famille.

Quant au *Docteur noir*, c'était un bon gros mélodrame des temps passés, tout bourré de coups de fusil, de prises de Bastilles, de marées montantes, et propre tout au plus à motiver l'exhibition de quelques décors. L'existence de ces deux nouveautés fut de courte durée, et permit à peine d'attendre le *Chiffonnier de Paris*, de Félix Pyat, dont il était déjà question.

C'est alors que les directeurs songèrent à remonter *la Tour de Nesle*, avec Dorval dans Marguerite de Bourgogne ; mais ce rôle, tout de force et d'énergie sauvage, ne convenait guère à sa nature douce et passionnée, et malgré tous ses efforts, elle ne put parvenir à faire oublier le souvenir de Mlle Georges.

Georges, à qui, malgré les défauts de la femme, on ne peut s'empêcher de rendre justice comme comédienne, était bien en même temps la personnification vivante du drame et de la tragédie. Douée d'une beauté qui semblait appartenir à cette race dont on a fait les dieux de la fable, elle réalisait l'idéal de la muse tragique, comme, par son organe sonore et profond, son rire impérieux et ironique, son geste fier et hautain, son regard plein de terribles menaces, elle eût été pour Shakespeare la véritable héroïne de ses vastes conceptions. De longtemps on ne reverra une telle Agrippine, une semblable Clytemnestre, pas plus qu'une Marguerite de Bourgogne, une Marie Tudor ou une Lucrèce Borgia qui puisse lui être comparée.

XXIV

LE CHIFFONNIER DE PARIS

Félix Pyat qui depuis la direction des frères Cogniard avait déjà fait représenter deux drames à la Porte-Saint-Martin, les *Deux Serruriers* et *Mathilde*, tiré du roman d'Eugène Sue et fait en colloboration avec lui, venait d'y apporter en dernier lieu le *Chiffonnier de Paris*, en quinze tableaux.

Cette longue peinture des mœurs d'un certain monde de la sphère parisienne renfermait sans doute la donnée d'une pièce qui pouvait devenir intéressante par la suite, mais impossible telle qu'elle était actuellement, à cause de son manque total de connaissance de la scène et de ses exigences.

« C'est un buste auquel il faut adapter des jambes et des bras si l'on veut qu'il marche, répondis-je aux Cogniard qui m'avaient soumis le manuscrit. »

Félix Pyat, chez qui un amour-propre excessif a toujours été un des côtés saillants d'un esprit malade, trouva la critique sévère, et m'en garda rancune; néanmoins, il n'en fut pas moins obligé de se rendre à l'évidence, et de faire subir à son œuvre les modifications jugées indispensables.

L'exaltation de ses idées politiques l'avait fait se livrer à des dissertations sociales au milieu desquelles l'action principale disparaissait complètement. Cette manière nouvelle d'envisager le théâtre et qui consiste aujourd'hui à prendre pour base de tout drame cette donnée première, que sous la blouse seule battent les cœurs honnêtes, et qu'il suffit d'avoir un habit sur les épaules pour être une canaille, est très flatteuse pour le peuple, on ne saurait en disconvenir, mais peut aussi ne pas toujours être du goût d'une certaine portion du public. Il fallut couper, tailler, resserrer tout cela pour arriver à rendre la chose possible. Chacun se mit à l'œuvre et, de cette collaboration commune, sortit le drame tel qu'il fut joué avec un succès de plus de cent représentations.

*
* *

Cependant, malgré tous les soins apportés pour assurer la réussite de l'ouvrage, et toutes les précautions prises pour écarter ce qui pouvait sembler dangereux, quelques scènes parurent encore longues, choquantes et motivèrent des sifflets de la part du public. Le citoyen Félix Pyat, dont l'ingratitude était le moindre des péchés mignons, imagina d'en rejeter la faute sur la direction d'abord, sur moi ensuite.

Dans une série d'articles publiés par le journal le *Corsaire*, il essaya d'insinuer que la pièce eût gagné à avoir tout autre que moi pour interprète. Il va sans dire que ces articles étaient signés d'un X... quelconque, et qu'il en déclinait naturellement toute responsabilité, car il est bon d'ajouter que le citoyen Félix Pyat a toujours été fort prudent dans le cours de sa carrière littéraire, comme pendant la durée de ses exploits politiques.

En 1847, il s'abritait derrière le pseudonyme d'une initiale pour diffamer l'artiste auquel il devait son succès, je ne crains pas de le dire sans peur d'être accusé de vanité; de même qu'en 1869, se sentant à couvert de l'autre côté du détroit, il portait un toast à la *petite balle* et à l'assassinat; de même qu'après la commune de 1871, il laissait déporter et fusiller ses compagnons de pillage et d'incendie, pendant que lui se sauvait tranquillement sous la casaque prussienne.

XXV

TRAGALDABAS

Il faut avouer que si les royautés et les empires enrayent quelquefois la destinée des peuples, les révolutions ont le don de les faire chavirer souvent.

La révolution de 1848 vint bouleverser le théâtre, comme elle bouleversa tant de choses, et si la révolution politique de 1830 enfanta la révolution littéraire que l'on appela le *roman-tisme*, la révolution de 1848 amena la révolution littéraire que l'on pourrait qualifier de *bouffe*.

L'influence que les évènements auront désormais sur le théâtre le prouvera assez.

Le 24 février 1848, la royauté de 1830 sombrait au fond de l'abîme que lui avaient creusé depuis dix ans les ambitions rivales de deux hommes, Thiers et Guizot.

Peut-être la catastrophe eût-elle été sinon évitée, du moins ajournée, si, dans la soirée du 23, la population parisienne, alors qu'elle croyait tout fini sur l'annonce du changement de ministère, et pendant qu'elle se promenait tranquillement dans les rues à la clarté des illuminations et au bruit innocent des pétards et des fusées, n'était tout à coup tombée victime d'un massacre épouvantable, horrible, mystérieux.

Sans aucune sommation, sans l'ombre d'une provocation, l'officier qui commandait le poste du ministère des affaires étrangères, alors situé boulevard des Capucines, ordonna à la troupe de faire feu sur la foule inoffensive ; une décharge retentit, et une cinquantaine de personnes tombèrent mortellement frappées. Aussitôt le peuple, ivre de rage, accourut sur le théâtre du meurtre en rugissant : « Aux armes! »; aussitôt les morts chargés sur une charrette furent promenés à la lueur des torches, sur toute la ligne des boulevards, jusqu'à la colonne de Juillet.

Qui avait donné cet ordre? Des amis maladroits, ou des ennemis perfides?

Le crime est demeuré mystère.

Le lendemain, la République était proclamée!

Les adeptes avancés de la Commune réclamaient déjà le drapeau rouge; Lamartine repoussa avec une énergie sublime cette loque sanglante « qui n'avait fait que le tour du Champ-de-Mars traînée dans le sang, tandis que le drapeau tricolore avait fait le tour du monde en portant partout l'honneur et la gloire de la France! »

*
* *

Huit jours après, les théâtres rouvraient leurs portes aux accords d'un nombre infini de cantates; chaque soir le public envahissait le Théâtre-Français pour entendre Rachel chanter la *Marseillaise*! partout retentissait le chant des *Girondins*, et la devise républicaine : Liberté, Égalité, Fraternité, était inscrite sur le fronton de tous les monuments.

Mais cette allégresse ne pouvait durer longtemps , les travaux étaient arrêtés de tous
côtés, la misère était à son comble, et le peuple
mourait de faim.

Le gouvernement provisoire, qui avait commencé par commettre l'imprudence de déclarer
qu'il garantirait l'*existence de l'ouvrier par le
travail!* c'est-à-dire qu'il donnerait du travail
quand même, essaya d'ouvrir les ateliers nationaux, mais, n'ayant bientôt ni travaux à faire,
ni argent à donner, il se trouva dans la nécessité de dissoudre ces mêmes ateliers.

Cette triste tentative, dont le premier danger avait été de faire coudoyer l'honnête ouvrier par le forçat libéré, n'eut pour résultat que
de jeter sur le pavé cent mille prolétaires. Ceux-
ci, ne voyant plus d'autre refuge que les barricades, allumèrent cette terrible insurrection
de Juin qui, pendant quatre jours, ensanglanta
de nouveau Paris, et eut pour effet de donner
la présidence de la République à l'héritier de
Napoléon I.

*
* *

Pendant que le drame se jouait dans la rue, le hasard, qui parfois s'avise aussi de faire des tragédies à la Shakespeare en jetant un personnage bouffon au milieu de l'action la plus sanglante, s'imagina de lancer *Tragaldabas* sur le théâtre de la Porte-Saint-Martin.

Type croisé de la famille des Don César et des Mascarille, plus joueur que les cartes, plus lâche qu'un italien, plus libertin qu'un moine, *Tragaldabas* résumait en lui tant de vices, qu'il était impossible qu'il n'effarouchât pas la pudeur de certains critiques qu'Auguste Vacquerie avait quelque peu malmenés dans plus d'une occasion. Le sujet était nouveau, original, hardi, à ce point que des ennemis... élogieux de l'auteur prétendaient que Victor Hugo avait passé par là; mais cette hardiesse fut précisément le prétexte de la lutte, et la cause de la tempête qui se déchaîna sur la pièce.

Vacquerie, dans son livre de *Profils et Grimaces*, raconte lui-même les péripéties de son drame d'une façon trop spirituelle pour ne pas le laisser parler lui-même; d'autant plus qu'en substituant le mot *acteur* au mot *auteur*, ce qu'il applique à l'un, peut identiquement s'appliquer à l'autre et que l'odyssée du poète devient en même temps celle du comédien.

*
* *

« Les deux premiers actes furent accueillis
« avec chaleur, et l'on put un moment craindre
« une réussite éclatante. Il en résulta un com-
« mencement d'opposition au troisième acte.
« L'opposition s'accrut au quatrième. Ne
« calomnions pas, même nos adversaires ; le
« quatrième acte n'était pas du drame primi-
« tif : c'était Frédérick Lemaître qui, trouvant
« la pièce un peu maigre pour le vaste appétit
« du public de la Porte-Saint-Martin, habitué
« aux drames à dix services et aux indigestions
« de féeries, m'avait demandé d'ajouter un
« plat. Ce quatrième acte, rattaché après coup,
« faisait un nœud au fil de l'action, et je re-
« connais pleinement que le succès eut raison
« de s'arrêter. De plus, dans cet acte, Tragal-
« dabas était déguisé en militaire et vêtu de
« ferraille ; cette armure, que Frédérick n'avait

« pas essayée avant la représentation, se mit
« à faire un bruit de casseroles et de pincettes
« et à charivariser chaque vers. Le pire fut que
« ce grincement couvrit la voix du grand co-
« médien et qu'on n'entendit pas un mot de la
« scène principale. Cette faute du.costumier
« fut le défaut capital de la pièce.

« Ce n'était plus une victoire, mais ce n'était
« pas encore une défaite. On n'avait plus qu'un
« acte, il fallait se dépêcher ; les sifflets com-
« mencèrent au premier vers, et ne cessèrent
« plus. Le dénouement disparut dans une tem-
« pête ; la toile aurait été baissée vingt fois
« sans l'énergie des jeunes gens. Eux dans la
« salle, Frédérick sur la scène, résistaient hé-
« roïquement. J'étais sur le théâtre, écoutant
« et regardant, fier d'avoir ressuscité quelque
« chose des grandes luttes, admirant Frédé-
« rick. Dans les premiers actes, il avait été
« inouï, alors, il fut incroyable. Nulle part,
« pas même dans *Robert-Macaire,* il n'avait
« été d'une verve plus étourdissante, d'une
« plus flamboyante bouffonnerie. Il fut l'éclair
« de cet orage. Dieu merci ! l'échec ne fut que

« pour l'auteur. Comme j'ai été sifflé par mon-
« sieur un tel et par monsieur chose ! mais
« comme Frédérick a été applaudi par Hugo et
« par Balzac !

« Le vacarme redoublait. Je comparais en
« moi-même cette salle écumante aux marées
« d'équinoxe que j'avais vues se déchirer rageu-
« sement à la jetée du Havre, et les bonnes
« gens, qui soufflaient dans leurs clefs, à l'ou-
« ragan embouchant la tour de François Ier.
« Assaut de colères, grêle de ricanements,
« trombes de huées, ravissement de voir s'é-
« crouler en un soir, le travail de plusieurs
« années, orgueil de se trouver supérieur à
« l'auteur, stupéfaction que l'imbécillité hu-
« maine pût aller jusqu'à ce degré, indignation
« et dédain, tout cela n'était qu'un doux pré-
« texte.

« Voici ce que décida le *tutti* :

« L'hostilité, au théâtre, a des privilèges
« exquis. D'abord, son mode de manifestation
« est excellent : un seul coup de sifflet perce
« mille applaudissements. Qu'une pièce soit
« applaudie par quinze cents et sifflée par

« quatre, on dira qu'elle a été sifflée. Ensuite
« ce pouvoir énorme n'exige pas d'intelli-
« gence ; les siffleurs ne sont pas gênés par la
« nécessité de dire leurs raisons, ils n'ont pas
« besoin d'avoir une idée dans la cervelle, il
« suffit qu'ils aient une clef dans la poche.
« Mais le meilleur privilège des siffleurs est de
« n'avoir aucune responsabilité ; ils ne sont
« pas exposés aux représailles, vu leur nullité
« personnelle, ils aiment, d'ailleurs, les places
« obscures, ils ont la modestie de leur mérite,
« et ils poussent parfois l'anonyme jusqu'à
« venir serrer la main de l'auteur. Ils n'ont
« pas même à redouter de l'auteur une réplique
« collective et vague ; le *bon goût* et le *senti-*
« *ment des convenances* lui commandent de
« s'incliner devant *l'arrêt du public,* et le dé-
« crètent de fatuité exorbitante s'il manque
« de respect à une demi-douzaine d'idiots ou
« d'ennemis qui auront troublé une représen-
« tation. J'en demande pardon au *bon goût,*
« mais je n'avais pas voulu que les choses se
« passassent ainsi cette fois ; ce qu'on m'avait
« raconté des soirs d'*Hernani,* et ce que j'avais

« vu moi-même à *Ruy-Blas* et aux *Burgraves*,
« m'avait inspiré pour le sifflet surtout du mé-
« pris ; prévoyant, et peut-être espérant, que
« ma pièce ne lui serait pas indifférente, j'avais
« voulu qu'il eût ma réponse, et tout de suite,
« et puisqu'il est brutal, je lui avais répondu
« dans sa langue : ayant à énumérer les *ânes*
« qui ne marchent que sur leurs deux pattes
« de derrière, je n'avais pas omis les siffleurs.

« Le mot, accentué par Frédérick, avec une
« autorité souveraine, fut l'occasion d'un tu-
« multe parfait . . . .

. . . .

. . . .

« La bourrasque ne cessait pas.

« Pour en finir, inquiet peut-être du vers
« qu'il avait dit sans en prévoir tout l'effet,
« désorienté par ces sifflets qui venaient de
« derrière, épuisé d'ailleurs par la dépense de
« force et d'invention qu'il avait faite, Frédé-
« rick descendit du chariot, avec la peau d'âne,
« s'avança vers la rampe et fit signe qu'il avait
« quelque chose à dire. Tout se tut. Il fit alors,
« en face, à droite et à gauche, trois saluts

« dont la gravité fut un peu corrigée par la
« tête d'âne qui, chaque fois, s'inclinait avec
« la sienne, puis il prononça textuellement ces
« paroles mémorables :

« Citoyens et Messieurs,

« Intéressés comme désintéressés, c'est le
« moment plus que jamais de crier :
« Vive la République ! ». . . . .

. . . .

. . . .

Eh ! oui, mémorables sans doute, puisque la
République donne toutes les libertés et fait
l'égalité pour tous.

Puisqu'elle donne aux ânes déguisés :

Notaires, détrousseurs, ministres, courtisanes,
Faiseurs de tragédies ou d'opium, des ânes !

le droit de siffler le talent . . . .

. . . .

Le tumulte coupa court ! La salle de la
Porte-Saint-Martin n'était plus un théâtre,
c'était un club. On était vraiment en République !

XXVI

TOUSSAINT-LOUVERTURE

Après *Tragaldabas, Toussaint-Louverture.*

Ce fut en 1840, que Lamartine, toujours fidèle à la cause de l'émancipation des noirs, écrivit son drame.

Les évènements politiques l'obligèrent à laisser quelque temps de côté cette œuvre philanthropique, mais sans lui faire pour cela perdre de vue la grande pensée qui fut la préoccupation constante de toute sa vie.

En 1848, le premier acte de son pouvoir fut de signer la liberté des noirs et l'abolition de l'esclavage.

« Ma vie n'eût-elle eu que cette heure, s'écrie-t-il dans un élan d'enthousiasme véritablement chrétien, je ne regretterais pas d'avoir vécu. »

L'année suivante, l'éditeur Michel Lévy s'étant rendu acquéreur, moyennant une somme de trente mille francs, du manuscrit de *Toussaint-Louverture*, crut voir, dans la représentation de ce drame, l'élément d'un succès.

Le nom de Lamartine, si l'ingratitude lui avait déjà fait perdre à ce moment de sa popularité comme homme politique, n'en était pas moins demeuré le symbole de l'intégrité et du désintéressement, privilège qui s'attache rarement à la renommée des prétendus libérateurs du peuple, qui ne manquent jamais de surgir au milieu des évènements comme ceux que l'on venait de traverser depuis dix-huit mois.

Un drame de Lamartine, à cette époque, devait donc paraître aux imaginations altérées de grandes choses un éblouissement au milieu de cette nuit de tourmente.

L'éditeur comprit le parti que l'on pouvait tirer de la situation ; Lamartine y consentit, le manuscrit me fut confié.

Ce manuscrit était un monde ; c'était le plus sublime plaidoyer qui ait jamais été fait en faveur de la race asservie, c'était l'humanité résumée dans un homme ; c'était le Christ prêchant la vraie, la grande république, mais ce n'était pas un drame.

C'était, ainsi que l'auteur l'a qualifié lui-même : « un cri d'humanité en cinq actes. »

Il fallait choisir dans cet immense poème, dont on eût voulu tout garder, ce qui pouvait seulement s'adapter à la scène, et souder ensuite tous ces joyaux épars.

La tâche était lourde et délicate.

On était au mois de novembre et Lamartine se disposait à partir pour Monceaux. Il fut décidé que nous nous réunirions là pour faire ce travail.

*
* *

Cette réunion n'eut lieu qu'en décembre, un mois plus tard.

En arrivant à Monceaux, Lamartine m'offrit, de la façon la plus affable, une hospitalité que, par discrétion, je crus devoir refuser. J'étais venu de Paris en chaise de poste, amenant avec moi mon fils Charles et un domestique ; Michel Lévy et Mirès, qui nous avaient accompagnés, augmentaient tout naturellement le nombre des visiteurs, et je préférais rentrer chaque soir à Mâcon.

Michel Lévy et Mirès acceptèrent de rester.

Les relations qui s'étaient établies entre Lamartine et Mirès, depuis la fondation du journal *le Conseiller du Peuple,* motivaient d'elles-mêmes la présence de ce dernier à Monceaux ; quant à l'éditeur Michel Lévy, il suivait tout bonnement à titre de propriétaire du drame de *Toussaint-Louverture*.

Lamartine était ruiné.

Président de la République la veille encore, il eût pu, comme tant d'autres, s'enrichir vite et facilement ; le poète avait préféré sa misère, et, dans une heure de besoin, il avait vendu ses pensées de quelques nuits.

Comment lui, Lamartine, qui connaissait si bien les hommes, avait-il pu compter sur leur reconnaissance ?

Outre les nouveaux venus, le château était encombré de parents, d'amis, de secrétaires, de poètes, hobereaux que le maître avait, paraît-il, appelés auprès de lui, pour l'aider à faire des vers !

La chose peut sembler étrange au premier abord, d'autant plus qu'il s'agissait moins de faire des rimes et d'aligner des hémistiches, que de rassembler entre eux tous les fragments épars de cette œuvre colossale d'où la poésie débordait déjà, et Lamartine, tout inexpérimenté qu'il pouvait être au point de vue des exigences du théâtre, y devait suppléer encore mieux que tout autre, guidé par son génie qui savait deviner.

Pendant mon court séjour au château de Monceaux, je fus à même de voir et d'étudier la puissance de ce génie, la grandeur d'âme de cet homme qui sut, dans les trois mois où il fut maître des destinées du monde, décréter cette liberté des noirs, repousser le drapeau rouge, et porter si haut l'étendard de la France, par l'éloquence noble et fière de son manifeste aux Souverains de l'Europe, dont pas un alors n'osa élever la voix pour protester.

Descendu du pouvoir, il était rentré pauvre dans l'ombre et le silence, pour y rêver à d'autres *Méditations* ou à un nouveau *Jocelyn*, n'emportant avec lui, pour toute récompense, que l'oubli. . . . .

. . . .

Le manuscrit terminé, je revins à Paris, et les répétitions commencèrent aussitôt à la Porte-Saint-Martin. La pièce péchait bien encore par la base au point de vue scénique, mais les vers étaient si grands et si larges, ces cris de liberté si puissants, ces sanglots de paternité si déchirants, qu'on se sentait électrisé par le lyrisme de cette poésie homérique, au point de voir tout à coup un drame dans une scène, dans une strophe, dans un vers.

Mais les temps étaient déjà changés. Les

blancs pouvaient-ils bien s'intéresser à l'émancipation des noirs, incapables qu'ils étaient de s'émanciper eux-mêmes ? Le côté politique que l'on avait envisagé comme un des éléments du succès manquait déjà ; la réaction était déjà faite dans les esprits.

Le 24 Juin avait tué le 24 Février.

Le succès resta au-dessous de ce poème grandiose, mais Lamartine se montre trop sévère envers lui-même, quand il écrit : « qu'un grand acteur a voilé sous la splendeur de son génie les imperfections de l'œuvre. »

Un génie tel que le sien n'a pas le droit d'être modeste ; il doit avoir conscience de son œuvre, et la volonté de l'imposer à tous. Si Lamartine a pensé que le public a pu dire du comédien : « cet homme est une nation, » nous disons qu'il en fut, lui, le Dieu libérateur.

« Frédérick Lemaître, a dit Lamartine, dans
« la préface de son drame, a été le Talma des
« noirs, un Talma des tropiques, aussi grand
« dessinateur, d'un caractère plus sauvage,
« plus ému, plus explosible, que le Talma de
« Tacite, que nous avons vu chez nous se

« poser, marcher, penser et parler comme la
« statue vivante de l'histoire classique. C'est
« bien de Frédérick Lemaître que le public a
« pu dire ce que les Français disaient de Tous-
« saint :

« Cet homme est une nation. »

XXVII

HÉCATOMBE DIRECTORIALE

Pendant ce temps, les changements de gouvernement amenaient les changements de directions ; les débâcles politiques entraînaient les débâcles directoriales. L'Ambigu, le Théâtre-Historique, la Gaîté, les Variétés étaient entraînés par le courant ; les frères Cogniard, voyant la position s'aggraver de jour en jour, vendirent quelque temps après la Porte-Saint-Martin, et derrière eux commença cette immense hécatombe de directeurs qui eut pour résultat de me rendre ma liberté, après avoir subi trois faillites, et de me permettre d'aller créer *Paillasse* à la Gaîté.

Paillasse ! Que de suppositions se firent à

l'annonce de ce titre ébouriffant! Était-ce une résurrection de la comédie italienne? Allait-on voir renaître Scaramouche, Arlequin, Polichinelle, Pierrot, ces types immortalisés par Foignet, Gougibus, Mazurier, Débureau? Était-ce, vu l'époque, un drame de circonstance, une satyre politique; le *Paillasse* de Béranger allait-il avoir un fils personnifiant en lui les parvenus du jour, et allait-on l'entendre fredonner son refrain ironique et joyeux :

> Paillass', mon ami,
> Saute pour tout le monde!

Non, ce n'était rien de tout cela.

Paillasse était tout simplement un bon gros mélodrame d'Adolphe Dennery, dont Marc Fournier, son collaborateur, lui avait apporté l'idée première, et qu'ils avaient bourré ensemble de péripéties plus compliquées et plus vulgaires les unes que les autres ; une pièce charpentée comme l'échafaudage d'un édifice, sans moulures *ni style* et sans grands frais d'imagination. Un drame où *Paillasse* passait son temps à courir après sa femme qu'on voulait lui prendre, et à pleurer sur la mort de son cheval! mais qui, en dépit de la banalité du sujet, n'en eut pas moins, il faut l'avouer, le mérite incontestable de faire de l'argent!

*
* *

« Ce que Frédérick a été dans cette nouvelle
« création, écrit Auguste Vacquerie dans son
« compte-rendu de *Paillasse*, comment le dire?
« Sur le moment, vous n'êtes pas embarrassé;
» vos mains applaudissent d'elles-mêmes, un
« cri vous vient à la bouche et une larme aux
« paupières, sans que vous vous en mêliez. Un
« bravo bien articulé en dit plus long que
« toutes les phrases; hier nous avions des pleurs
« dans les yeux, aujourd'hui nous n'avons que
« de l'encre dans notre encrier. Si nos lecteurs
« étaient là, nous leur montrerions nos deux
« mains encore gonflées et rouges, après une
« nuit, d'avoir applaudi pendant quatre heures,
« et ce serait notre feuilleton. Il y a eu un ins-
« tant où nous nous sommes pris à désirer
« que Frédérick se refroidît de sa verve au

« moins pendant une scène pour nous laisser
« un peu de répit ; mais il n'a pas eu cette clé-
« mence. Il ne nous a pas fait grâce d'un seul
« éclair. Ce grand égoïste a eu la cruauté
« d'être prodigieux à chaque mot.

« Nous n'avons pas la prétention d'énu-
« mérer tous les endroits où il a remué la salle,
« toutes ses effusions, toutes ses prodigalités ;
« contentons-nous de noter les points où il a
« été principalement admirable. Pour toucher
« d'abord le point essentiel, Frédérick a sur-
« tout été admirable partout.

« Comme dans tous les chefs-d'œuvre, c'est
« l'ensemble qui frappe dans cette composition
« splendide. Frédérick n'est pas seulement un
« acteur d'un incroyable instinct, l'homme
« du mot, de la spontanéité, de l'originalité,
« de l'imprévu ; c'est en même temps le comé-
« dien de la réflexion, de l'arrangement géné-
« ral et profond, de la pensée une et active
« circulant dans toutes les scènes du drame
« comme le sang dans toutes les veines. Ici,
« d'un bout de la pièce à l'autre, il a l'aisance,
« la souplesse, le mouvement libre du saltim-

« banque. Du premier acte au dénouement, à
« travers toutes ces chances, joyeux, triste,
« sous sa souquenille comme sous l'habit de
« cour, père, mari, il est toujours Paillasse. Il
« faut le voir déguisé en seigneur, ne pouvant
« tenir en place, toujours prêt à faire le saut
« de carpe, et ayant un mal énorme à empê-
« cher ses doigts de jongler avec son chapeau.
« On tremble toujours qu'il ne se mette à
« avaler son épée.

« De même moralement, sa condition trans-
« paraît dans toutes ses impressions. Rien de
« tragique dans sa désolation ; il la maintient
« toujours dans la mesure humble et d'autant
« plus douloureuse d'un pauvre homme, qui
« soutient une lutte obscure avec la desti-
« née. »

*
* *

De la Gaîté, je retournai au théâtre des
Variétés, où je fis de nouveau une courte apparition.

En signant avec Carpier, alors directeur de

ce théâtre, un nouvel engagement, il avait été question d'une comédie d'Alexandre Dumas pour ma rentrée; les premières scènes de cette pièce, qui ne devait être autre chose que la suite de *Richard d'Arlington*, avaient été jetées sur le papier à Monte-Christo, et nous espérions, Dumas et moi, donner un pendant à notre *Kean*.

Malheureusement, la question d'argent vint déranger tous ces beaux projets. Alexandre Dumas, qui exigeait avant tout une prime de trois mille francs pour se mettre à écrire, fut obligé d'entreprendre un voyage, et partit, laissant Carpier chercher les moyens de se procurer cette somme dont il n'avait pas la première monnaie.

Cependant, la situation menaçant de se prolonger de part et d'autre, il fallait aviser; c'est alors que Duvert et Lauzanne vinrent proposer le *Roi des Drôles*, vaudeville anodin où le personnage de Rameau était à peine esquissé, mais que les auteurs s'engageaient à développer assez pour donner à leur œuvre l'importance d'une véritable comédie. Duvert et

Lauzanne étaient deux hommes de talent ; il y avait de l'esprit, beaucoup d'esprit dans leur pièce ; leur offre fut acceptée.

Cette tentative ne fut couronnée que d'un demi-succès ; le *Roi des Drôles*, pas plus que *Taconnet* qui suivit, n'eurent le don d'éveiller la curiosité du public, et leur existence commune ne dépassa pas la durée d'un ministère.

Je revins alors à la Porte-Saint-Martin, créer le drame du *Vieux Caporal*, dans lequel Dennery avait eu la fantaisie de me faire jouer un *muet !* le rôle le mieux écrit sans contredit de tout son théâtre.

Le *Vieux Caporal* fut un succès ; mais l'engouement du public pour l'opéra-bouffe, qui déjà envahissait quelques théâtres, le rendait de plus en plus indifférent au drame, dont l'opérette devait bientôt prendre définitivement la place. . . . .

. . . .

*
* *

Hélas! où est le temps où l'on se passionnait pour le beau, pour le grand, pour le vrai; où l'on aimait réellement l'art pour l'art; où l'imagination s'enflammait aux seuls noms de Victor Hugo, de Casimir Delavigne, d'Alfred de Vigny, d'Alexandre Dumas? Où est le temps où les noms de Mars, de Dorval, de Georges, de Rachel, en tête d'une affiche, entraînaient la jeunesse enthousiaste? Où sont les jours où l'on allait à une première représentation comme à un combat? Il y avait deux camps; les uns voulaient ceci, les autres cela, et la lutte s'engageait; lutte de l'intelligence, d'où la pensée jaillissait des cerveaux comme la lumière du soleil.

La politique n'y était pas étrangère, et venait jouer son rôle dans cette grande bataille, car ces mots de *classiques* et de *romantiques*, que les deux camps se jetaient mutuellement à la face, n'étaient que des masques pour servir à déguiser les partis : Whigs et Torys, catholiques et huguenots, royalistes et républicains, cléricaux et libres-penseurs, l'idéal et le réalisme, l'esprit et la matière. Selon que les poètes portaient le drapeau de ceux-ci, ou le drapeau de ceux-là, on applaudissait *Phèdre*, on sifflait *Ruy-Blas*. La vieillesse attardée essayait d'enrayer la jeunesse qu'elle taxait de présomptueuse, et les vieilles idées se heurtaient aux nouvelles.

Ce mariage, cet accouplement, cette cohabitation de la tragédie avec la comédie avait engendré le drame, c'est-à-dire la vie.

La routine acculée et despote toujours, voyant ses privilèges menacés, ne voulait pas du fruit de cette union qu'elle regardait comme illégitime; elle le redoutait comme un vampire, dont Shakespeare l'avait déjà menacée une première fois, et qu'il fallait étouffer dans son berceau.

C'est que le drame alors tranchait vif de son scalpel; il coupait en pleine chair et disséquait les os; il venait tout à coup, brutalement, demander au parterre :

> Et d'où vient qu'un ministre avec impunité
> Ose porter les mains sur notre liberté?

Il ne présentait plus les grands toujours su-

perbes et les faibles toujours impuissants; il
laissait à chacun sa part de vice et de grandeur;
il ne montrait plus l'homme en buste, mais de
la tête aux pieds; non plus avec une seule passion au cœur, mais avec toutes les passions qui
peuvent se grouper autour de la passion domi-
nante; non plus seulement tel qu'il est dans une
circonstance donnée de la vie, mais tel qu'il est,
se débattant au milieu des évènements dont
la destinée forme autour de lui un réseau;
non plus coulé d'un seul jet, dans un seul
moule, taillé tout d'une venue dans un seul
bloc, tout bon ou tout méchant, tout beau ou
tout difforme; mais tel qu'il est dans la nature,
bon et méchant à ses heures, beau dans quelques endroits et difforme dans quelques autres;
non plus avec un orage continuel dans le cœur,
mais avec des éclairs d'espérance et de joie; le
ridicule auprès du sublime, le grotesque près
du beau, le tragique à côté du bouffon; à la
place du drame de convention, le drame de la
réalité; à côté du drame d'exception et de fantaisie, le drame de la généralité et de la vérité.

Enfin, dans cette lutte immense, venait le

comédien transfiguré par les rayons de plus en plus lumineux de son art.

Le théâtre, à cette heure, est un enseignement, une chaire à la fois matérielle et spirituelle, comme l'esprit et le corps; où l'*homme* vient étudier les hommes, et de l'accouplement du génie du poète avec le génie de l'acteur est sortie cette puissance avec laquelle il faut compter aujourd'hui. . . . .

XXVIII

VERSAILLES

En 1860, après les deux créations d'*André Gérard* de Victor Séjour à l'Odéon, et du *Maître d'École* de Paul Meurice à l'Ambigu, je songeai à donner ma représentation d'adieu, et à me retirer du théâtre.

Un changement notable s'était opéré dans l'intérieur de ma vie privée ; non seulement, je venais de perdre ma mère qui ne m'avait jamais quitté, mais peu de temps auparavant j'avais marié ma fille, et j'avais dû me séparer d'elle. Je la savais, il est vrai, toujours là, près de moi et heureuse. Thiébaut, mon gendre, l'honneur et la loyauté faits homme, doux, affable et bon, réalisait bien l'idéal de l'époux que peut rêver une femme; mais elle était mariée, elle avait son intérieur, son ménage, son mari, ses enfants (car elle a deux beaux enfants, ma Caroline); enfin, elle n'était plus ma fille, elle était madame Thiébaut.

Il faut être père pour comprendre cela !

Mes fils étaient des hommes; Charles et Napoléon voyageaient fréquemment, et Frédérick, nommé récemment directeur du théâtre de Versailles, était à la veille de s'éloigner aussi.

Je ne pouvais me défendre d'une profonde tristesse, lorsque je me prenais à penser à cette grande famille ainsi dispersée, et, quand je me voyais seul à cette longue table qui jadis nous réunissait tous, je me sentais comme froid au cœur dans cette solitude. . . . .

. . . .

*
* *

C'est à ce moment que je pris la résolution de me retirer à Versailles, où, sans abandonner entièrement Paris, j'espérais au moins trouver le repos dont j'avais besoin, et je restais près des miens.

Je passai là plus d'une année au milieu de cette solitude, sous ces sombres allées de Trianon dont le silence convenait si bien à la situation de mon esprit. J'en étais arrivé à cette heure, où l'homme commence à vivre avec le passé.

Parfois, j'occupais mes loisirs en jouant quelques pièces de mon répertoire, telles que *Don César de Bazan*, *la Dame de Saint-Tropez* ou *Kean*. Là aussi, il me fallait alterner avec l'opéra, car à Versailles comme à Paris on voulait de la musique. Il est vrai que là, du moins, Rossini n'était pas encore remplacé par Offenbach, et que Verdi n'avait pas encore cédé le pas à Hervé.

Frédérick appelait souvent des artistes en représentations, qui presque tous étaient des amis ; il s'en trouva fort bien, du reste, car son théâtre était devenu une véritable scène parisienne.

Thiébaut et sa famille, à qui se joignait Charles tout nouvellement engagé à l'Ambigu, venaient fréquemment me voir; tout cela fit qu'il me fut, pour ainsi dire, impossible de m'apercevoir de cet exil, auquel je m'étais volontairement condamné.

La solitude et les grands arbres font rêver, et le ciel clair du soir semble une immense glace dans laquelle se reflètent les souvenirs d'autrefois.

Une nuit que, sous ces arbres, je veillais en songeant à l'éclat de ces heures d'un passé déjà loin, la pensée me vint que l'unique moyen peut-être de régénérer l'art dramatique, qui semblait s'amoindrir chaque jour, serait la création d'un théâtre nouveau jouissant des privilèges qu'on s'obstinait à refuser depuis si longtemps sans aucun bénéfice pour l'art, bien au contraire, et uniquement dans le but de satisfaire des intérêts personnels ou de mesquines vanités.

Un théâtre ayant le droit de jouer non seulement les chefs-d'œuvre de nos maîtres classi-

ques, qui de tous temps auraient dû être l'héritage et la propriété de tous, mais encore des
traductions de Shakespeare, de Schiller, de
Gœthe, que tant de beaux esprits critiquent
et que si peu connaissent, traductions dont le
moindre des mérites serait d'initier la jeunesse
au génie des poètes étrangers.

Le répertoire de Casimir Delavigne, si riche
et si fécond, devenu arbitrairement le monopole
exclusif du Théâtre-Français qui semble prendre à tâche de le laisser tomber dans l'oubli,
offrait un vaste champ à exploiter.

Ces œuvres retrouveraient une nouvelle vie,
une fois dépouillées de toutes les traditions
vieilles et momifiées de la rue Richelieu, et
surtout affranchies de la routine désespérante
des études du Conservatoire, qui consistent à
transmettre aux générations à venir, comme ils
l'ont été à la nôtre par la génération passée, le
geste, l'inflexion de la voix, le regard, classés,
numérotés, stéréotypés ; sans distinction de nature, de tempérament ou d'instinct ; études qui,
ne servant qu'à jeter la jeunesse dans la gaine
de la tradition, ne sont bonnes qu'à faire et à

perpétuer des pantins à ressort, tirés uniformément par une ficelle toujours la même, dignes émules de chiens dressés, d'oiseaux savants et de perroquets bavards.

Ne vaudrait-il pas mieux réveiller par l'enseignement de ces œuvres, proscrites pour d'autres, l'imagination de tout ce qui est jeune, de tout ce qui a ou semble promettre un mérite quelconque, en un mot, de tout ce qui aspire à vivre?

Sur la fin de ma longue carrière, et pour prix de mes travaux incessants, je me croyais avoir peut-être quelques droits à solliciter, je ne dirai pas la faveur, mais la possibilité de faire encore quelque chose ainsi pour la gloire et la grandeur de l'art auquel j'avais consacré mon existence.

Avant toutes choses, je résolus de m'adresser à monsieur Camille Doucet, alors directeur des beaux-arts au ministère d'État.

La précieuse amitié, dont il m'honorait depuis longtemps et dont il m'avait déjà donné tant de preuves, et tout récemment encore (car c'est à lui que Frédérick devait son privilège de Versailles), me faisait un devoir de le consulter le

premier. Mais je lui eus à peine exposé le but de
ma visite, qu'il m'arrêta dès les premiers mots.

« Une demande de privilège, me dit-il, à
« quoi bon? Avant six mois, cette liberté des
« théâtres, que l'on réclame tant, sera décré-
« tée. » Puis il ajouta avec cette voix douce et
affable qui lui est propre : « Le prix de vos travaux, mon cher monsieur Frédérick, je n'en
connaîtrais qu'un seul qui fût digne de vous, la
croix. Hélas, nous sommes encore bien arrié-
rés sur ce point; il faut espérer qu'avant peu,
il en sera des préjugés comme des privilèges.
Mais, au lieu d'un théâtre, que ne demandez-
-vous une pension? Je ne doute pas un seul instant que cette requête ne soit favorablement ac-
cueillie en haut lieu. » — « Une pension!
répétais-je en hésitant; mais à quel titre?»—«A
titre de récompense, se hâta-t-il d'ajouter, et,
en attendant cette croix, que l'on regrettera un
jour d'avoir si longtemps hésité à donner. . .
. . . . »

Quelque temps après, je recevais le titre
d'une pension annuelle de deux mille francs,
sigué « comte Waleski, ministre d'État. »

A ce titre étaient jointes quelques lignes de monsieur Camille Doucet, par lesquelles il m'exprimait, dans les termes les plus touchants, sa joie de pouvoir être le premier à me transmettre cette nouvelle.

*
* *

Un matin, comme je rentrais d'une promenade à Trianon, je vis arriver Charles qui venait me demander de la part de Chilly si je voulais retourner à Paris pour y créer, à l'Ambigu, une pièce de Édouard Plouvier.

Il s'agissait du *Comte de Saulles*.

La proposition me plut tout d'abord. Édouard Plouvier était un garçon que j'aimais beaucoup et dont j'estimais le talent. Son drame, que je lus avec le plus grand intérêt, m'impressionna vivement; le sujet, largement tracé et écrit de main de maître, sortait de l'ordinaire, et renfermait selon moi les éléments d'un véritable succès. Bien qu'il m'en coûtât de m'éloigner de Versailles, et de renoncer déjà à cette existence paisible que j'avais entrevue, et à laquelle je n'avais fait que goûter à peine, j'acceptai et le rôle de Plouvier et les offres de Chilly.

Je n'eus pas lieu de le regretter. *Le Comte de Saulles* réussit au delà de tout ce que l'on pouvait espérer ; la presse fut unanime à rendre hommage à l'œuvre du jeune poète, et je fus doublement heureux d'avoir pu, pour ma part, contribuer à son succès.

Théophile Gautier, dans son feuilleton, après avoir chaudement tracé l'analyse du drame, ajoute : « Ce que nous n'avons pas
« dit, c'est que le rôle du Comte de Saulles
« est joué par Frédérick, oui, par Frédérick,
« le Frédérick de *Lucrèce Borgia,* de *Ruy-Blas,*
« du *Joueur,* de *Don César de Bazan,* de *Kean,*
« de *Paillasse,* du *Vieux Caporal,* et de tant
« d'autres beaux rôles qu'il a encore grandis
« de son génie et de sa passion ; Frédérick,
« le plus sublime comédien des temps moder-
« nes, à la fois terrible et bouffon, nature sha-
« kespearienne, réunissant tous les contrastes,
« capable de porter tour à tour, la pourpre et
« le haillon, l'épée et la marotte ; d'être un

« soir Roméo et l'autre Caliban, Hotspur ou
« Falstaff, à son gré, et qui peut dire comme
« cet ancien : « Je suis homme, et rien d'hu-
« main ne m'est étranger. » Un vrai, comé-
« dien, celui-là ! Nous autres, qui commen-
« çons à vieillir, nous l'avons vu jeune, flam-
« boyant et superbe, remuant la scène d'un
« seul geste, d'un froncement de sourcil, sou-
« levant toute la foule avec une parole, et fai-
« sant vivre de son souffle le chef-d'œuvre et le
« mélodrame. Qu'il était merveilleux, surtout
« lorsqu'il avait pour partenaire, en quelque
« scène de fascination, de terreur ou d'amour,
« cette admirable Dorval, qu'on ne remplacera
« pas plus qu'on ne remplacera Frédérick. Ils
« étaient les acteurs d'une époque passionnée
« jusqu'au délire, et ils ont suffi à tout ce
« mouvement, à toute cette fièvre, à toute
« cette flamme. Dorval en est tombée en cen-
« dres, mais Frédérick persiste toujours, et
« quand il entre dans un drame, voilà que ce
« drame se met à vivre, à palpiter, à pleurer et
« à faire pleurer. Un orage y gronde avec
« éclairs et tonnerre. C'est Frédérick qui

« passe : des mots s'illuminent soudain, des
« trouées éblouissantes pénètrent jusqu'au
« fond de l'âme ; tout le cœur se découvre et se
« révèle dans un soupir, dans une inflexion de
« voix, dans un geste brusque et découragé.
« Les autres acteurs se sentent entraînés par
« un tourbillon, et ils suivent d'un pas hâté
« cette impulsion que rien n'arrête. L'auteur,
« stupéfait et ravi, voit jaillir à travers sa
« pièce, sous la puissante pression de Frédé-
« rick, une autre pièce plus profonde, plus
« intime, plus passionnée, plus humaine qu'il
« ne soupçonnait pas, et qui est son idée
« même, augmentée de tout le génie d'un
« grand comédien.

« Charles Lemaître a su se faire applaudir
« dans le rôle de Léon d'Hortal ; il y a été tou-
« chant, sympathique, vrai ; il s'est montré le
« digne élève de son illustre père. »

*
* *

Le succès du *Comte de Saulles* eut pour conséquence de me faire créer, trois ans plus tard,

le Crime de Faverne, car, une fois rentré à Paris, j'y restai.

Le théâtre est semblable à une maîtresse, à laquelle on s'est juré de ne plus penser ; on n'a pas plus tôt entendu le frôlement de sa robe derrière la porte où elle frappe timidement, que l'on court lui ouvrir. Ses joies, ses émotions, ses douleurs même, vous le font toujours cher. Après le succès du *Comte de Saulles*, toutes ces belles résolutions de retraite s'étaient évanouies devant quelques applaudissements.

L'art avait repris ses droits.

Bien que la pièce de Théodore Barrière et de Léon Beauvalet fut loin d'avoir la valeur du drame de Plouvier, son succès fut à peu près le même. Les amateurs de bonne littérature la traitèrent bien avec un certain dédain ; les faiseurs de mélodrames, qui insinuent que le style nuit à l'action et rend les pièces ennuyeuses, lui firent, en revanche, bon accueil. On ne pouvait effectivement adresser ce reproche au *Crime de Faverne*. Le résultat fut-il de nature à leur donner raison ? Toujours est-il que la pièce obtint plus de cent représentations.

« Frédérick Lemaître, dit Louis Ulbach, en
« acceptant le rôle de maître Séraphin, le no-
« taire, savait bien qu'il ne prenait qu'un rôle
« épisodique, presque inutile, qui pourrait être
« retranché sans nuire à l'action. Mais le génie
« du grand comédien a accumulé dans ce rôle
« toute la flamme; c'est le foyer de la pièce; il
« faudra s'incliner, le saluer, l'acclamer et
« reconnaître en lui le maître indompté du
« drame, le Mirabeau du romantisme au théâ-
« tre, défiant les vieux, électrisant les jeunes,
« jetant sa tempête dans le calme plat de nos
« petites pièces et de nos intrigues somno-
« lentes.

« Comme il est doux, paternel, familier, ex-
« quis dans tous les détails de cette première
« partie de son rôle, quand il fait manger des
« mûres, dans les bois, aux amoureux qu'il
« bénit de son sourire ! Comme il est bon, hu-
« main, plein de dignité dans son étude de
« notaire ; et à partir de la sinistre découverte
« qui brise son passé, qui mord son cerveau,
« qui le précipite tout rajeuni, pour souffrir
« dans les bras de la folie, comme il est grand,

« vrai à tous les points de vue physiologiques,
« psychologiques, et beau à tous les points de
« vue de l'art. Nous connaissions toutes les
« manières de devenir fou au théâtre ; chaque
« fois que Frédérick voudra tenter l'épreuve, il
« renouvellera les moyens. Ce bonhomme
« qu'un refrain épouvante, et qui, furieux,
« mais nerveusement excité par le sourire des
« autres, exhale sa fureur en ricanements,
« chante sa honte, rythme son désespoir, gam-
« bade sur le tombeau de sa vie morte ; ce bon-
« homme nous entraîne dans les profondeurs
« sublimes dont les grands génies dramatiques
« gardent l'entrée. Il met du Shakespeare dans
« la pièce de MM. Théodore Barrière et
« Beauvalet. Quand ce fou acclimaté dans sa
« folie se promène à travers le parc de Faverne,
« couvrant sa tête de son manteau pour ne
« point entendre la musique de la complainte
« qui l'a rendu fou et qui le poursuit encore ;
« quand il tombe accablé disant avec des lar-
« mes dans les yeux, aux enfants qui l'entou-
« rent : « N'aimez jamais ! n'aimez jamais ! »
« quand il répète ce cri de désespoir, dans un

« accès rapide de colère, il est si démesuré-
« ment au-dessus de tous les artistes contem-
« porains ; il a une si grande correction plas-
« tique, une rectitude de dessin, de ligne si
« savante dans l'apparent abandon de son rôle,
« qu'on reste émerveillé, confondu, honteux
« de ne pas redemander plus souvent Frédé-
« rick, au lieu de souhaiter sa retraite. »

XXIX

Hélas! un malheur inattendu, un chagrin éternel, devait bientôt me faire payer cher ces quelques instants donnés aux illusions d'un autre temps.

Charles, mon pauvre Charles, qui était accouru tout joyeux me chercher à Versailles pour m'emmener créer avec lui ce *Comte de Saulles*, Charles venait d'être atteint de cet horrible mal qui depuis six mois décimait tant de familles dans Paris : la petite vérole noire.

Le 15 mars 1870, il allait mieux cependant, et les médecins croyaient pouvoir répondre de lui. Ce jour-là, j'étais fort souffrant moi-même, et, ne pouvant sortir, j'avais envoyé le matin savoir de ses nouvelles.

Le domestique était revenu en me disant que le mieux continuait.

Calmé par cette assurance, il me semblait que je respirais aussi plus à l'aise, lorsque, vers six heures du soir, un ami, Jules Vizentini, entra tout à coup chez moi; il était pâle et sa voix était émue.

— Y a-t-il longtemps, me demanda-t-il en hésitant, que vous avez eu des nouvelles de Charles?

— Non, lui répondis-je, ce matin; il va mieux.

Cette assertion lui fit faire un mouvement.

— Mais, pourquoi cette question? continuai-je en cherchant à lire sur son visage.

Et, comme il gardait le silence :

— Vous venez m'annoncer un malheur, m'écriai-je. Charles?...

Il voulut me répondre, un sanglot l'en empêcha. J'avais tout compris, Charles était mourant.

Dans un accès de fièvre, de délire, il s'était

vu entouré de flammes, et s'était précipité par une fenêtre.

Je n'eus que le temps d'accourir pour recevoir son dernier soupir.

Il est mort dans mes bras . . . .

. . . .

. . . .

Oui, mort! mort à quarante ans, jeune, bon, noble, fier; plein d'espérance, de force et de vie. Mort en cinq jours! Quarante ans de sollicitude, de soins, d'amour, de joies de la famille; en cinq jours, tout cela était disparu, éteint, anéanti! De tout cela, il ne restait plus qu'un cercueil, où je devais à soixante-dix ans ensevelir mon enfant, et une tombe pour prier et pleurer.

Dieu se trompe-t-il donc parfois dans sa justice, ou bien veut-il apprendre à l'homme ce que, pour le connaître, il faut savoir souffrir?

Oh! nature! nature! si généreuse et si grande lorsque tu prodigues tes bienfaits, que tu frappes cruellement quand sonne l'heure de ta colère! . . . .

Ces lignes furent les dernières jetées par lui sur le papier ; à dater de ce moment, ses notes font complètement défaut.

Ce besoin de calme qui déjà l'avait fait s'éloigner de Paris une première fois, était devenu l'unique élément de son existence. Ce n'était plus le repos qu'il cherchait, c'était la solitude ; ce n'était plus le silence, c'était l'ombre ; il éprouvait comme un besoin de se recueillir. Aux illusions perdues et aux affections enlevées avait succédé ce découragement engendré par l'absence absolue de tout espoir dans l'avenir. La guerre de 1870 était venue porter le dernier coup à son accablement. Il avait perdu dans cet épouvantable désastre tout ce qu'il possédait, et cette paix tranquille qu'il avait entrevue, quelques années auparavant, dans son trop court séjour à Versailles, ne lui était même plus permise ; il devait continuer.

Quelle torture pour lui ! Il connaissait les hommes, et savait que l'ingratitude est le propre du cœur humain ; il n'ignorait pas qu'on le blâmerait certainement de cette persistance, présomptueuse en apparence, à ne pas prendre sa retraite, et, d'avance, il entendait à ses pieds le bouillonnement de la tourbe.

« Faites la caricature des jeunes ! répondait-il à un journal qui lui demandait un jour l'autorisation de publier son portrait en charge. Faites la caricature des jeunes, le temps se charge de faire celle des vieux ! ».......

. . . .

*
* * .

Qu'importe qu'il ait été pendant plus d'un demi-siècle, non seulement le drame contemporain, mais le drame de tous les temps, puisqu'il était la vérité et la vie ? Qu'importe qu'il ait, pendant plus d'un demi-siècle, tenu dans sa main profonde, sous son regard magnétique, toute une génération pour lui donner son âme, pour la passionner de sa passion, pour l'idéaliser de son idéal ? Qu'importe qu'il l'ait suspendue à sa lèvre haletante, frémissante, la contraignant à rire ou à pleurer avec lui, selon qu'il lui plaisait de pleurer ou de rire ? Qu'importe qu'il ait rempli le monde de son nom et de sa renommée, et associé cette renommée et ce nom aux noms de Lamartine, de Victor Hugo, de Balzac, de Casimir Delavigne, en devenant pour ainsi dire le collaborateur de leurs œuvres immenses ?

Qu'importe qu'il ait fait tout cela, qu'il ait été tout cela ? L'heure de la retraite a sonné pour lui, il doit se retirer.

Mais, sans doute, en échange de ce repos qu'on lui demande de s'imposer, son pays, pour la gloire duquel il a tant fait, lui promet une douce retraite ? Il lui a fait ouvrir les portes du Temple ? Les comédiens, dont il fut le drapeau, l'ont depuis longtemps appelé parmi eux ? Le Théâtre-Français, qui se targue d'être le premier théâtre du monde, le sanctuaire de toutes les gloires, la maison de Molière, enfin, a depuis longtemps admis dans son sein ce comédien prodigieux ?

Non.

Le Théâtre-Français ne l'a jamais appelé à lui; il a tout fait pour le tenir éloigné.

Un jour, Victor Hugo, donnant *le Roi s'amuse* d'une main, eût pu de l'autre montrer Frédérick Lemaître : il ne l'a pas fait.

Ce fut de la part du poète une faute de lèse-art; ce fut plus de la part de la Comédie-Française.

*
* *

Au surplus, quoi de surprenant à cela, et de quoi s'étonner, quand on a vu refuser à Mme Dorval, qui elle cependant avait joué au Théâtre-Français *Hernani, Marion Delorme, Angelo, Chatterton*, et dont le talent et la gloire avaient puissamment contribué au succès de ces œuvres; quand on a vu refuser à Mme Dorval une misérable pension alimentaire !

La pauvre grande artiste ne demandait pourtant pas beaucoup : être reçue comme simple pensionnaire aux modiques appointements de *cinq cents francs* par mois, s'engageant, en échange, à tout jouer : duègnes, utilités, accessoires.

Elle demandait à vivre !

Lui accorder cela, c'était faire acte de reconnaissance, d'humanité, de dignité ; c'était honorer le talent, c'était honorer l'art.

Le Comité refusa à l'unanimité. . . . . . .

. . . .

. . . .

*
* *

Un moment, Frédérick Lemaître se crut cependant plus privilégié que son infortunée compagne.

Le théâtre de la Porte-Saint-Martin, incendié par la Commune de 1870, venait de renaître de ses cendres, et l'administration des théâtres de Grenelle, de Montparnasse et des Gobelins y avait transféré ses bureaux.

Sans prétendre que la nouvelle direction Ritt et Larochelle fût remarquable, il faut reconnaître qu'elle eut un moment la velléité de se donner des allures littéraires, en ouvrant ses portes par un drame de Victor Hugo, et avec le nom de Frédérick Lemaître en tête de son affiche.

Le prestige de ces deux noms devait, pensait-elle, lui porter bonheur.

Elle ne se trompa pas.

La nouvelle direction, par l'organe d'un de ses membres, M. Larochelle, vint offrir à l'artiste un engagement de *cinq cents francs par mois*.

C'était peu ! mais cet engagement était illimité ; c'était une retraite pour le reste de ses jours que le théâtre de la Porte-Saint-Martin, dont il avait été la gloire, se faisait un devoir de lui assurer.

Mais les hommes proposent et les directions disposent. Le baptême du succès une fois reçu, les directeurs, trouvant que les goûts du public n'étaient plus au drame littéraire proprement dit, pensèrent que les ballets et les fauves offraient beaucoup plus de chance de réaliser promptement de grosses recettes ; en conséquence, Victor Hugo fut remplacé par Adolphe Dennery, et Frédérick Lemaître par l'éléphant du *Tour du Monde*.

Les directeurs jugèrent, de plus, qu'il serait bien naïf à eux de grever inutilement leur budget d'une somme de 500 francs par mois pour pensionner un comédien dont ils ne voyaient pas la place dans leur ménagerie, et se dirent qu'après tout une promesse et une parole données n'étaient pas une signature. Seulement, ne voulant pas, par égard, assimiler le grand artiste aux choristes et aux simples employés que l'on prévient d'ordinaire par une lettre lorsque leur engagement est expiré, ils préférèrent, le douzième mois échu, lui faire répondre simplement par leur caissier *qu'il n'avait plus d'ordres!*

Nous ne prétendons pas discuter ici la conduite de messieurs les directeurs de la Porte-Saint-Martin.

Ils ont agi selon leur conscience.

Nous constatons uniquement un fait, que nous eussions même été désireux de passer sous silence. Mais, comme ces mêmes directeurs n'ont pas craint d'insinuer, par la suite, que, l'année de son engagement révolue, ils avaient continué à lui servir une pension annuelle de 6,000 francs, nous avons jugé qu'il était de notre devoir de donner à cette allégation le démenti le plus formel.

* *
*

Cependant, quelques amis dévoués, quelques admirateurs sincères, s'émurent de l'abandon dans lequel se trouvait relégué le grand comédien, et résolurent d'organiser en son honneur une représentation de retraite, destinée à être en même temps la consécration de son œuvre et le couronnement de sa carrière.

Monsieur Henry de Lapommeraye, le jeune et spirituel critique, aujourd'hui un de nos conférenciers les plus distingués, eut le mérite de l'initiative ; Monsieur Edmond Magnier, directeur de l'*Événement*, se joignit spontanément à lui, en mettant à sa disposition les colonnes de son journal, afin de donner à cette solennité le plus de retentissement possible, et, grâce à leurs efforts communs, ils obtinrent la salle de l'Opéra.

Monsieur Cantin, directeur des Folies-

Dramatiques, dont la conduite fut par la suite si pleine d'abnégation, voulut apporter aussi sa pierre à l'édifice en offrant un acte de la *Fille de Madame Angot*, dont le succès faisait alors courir Paris.

Tous les artistes, grands et petits, se faisaient une fête de venir rendre hommage à celui qu'ils appelaient leur *maître !* et les affiches n'étaient pas encore posées, que déjà le succès était assuré.

Le matin de la solennité, ces mêmes affiches étaient arrachées, et la représentation mise à néant.

Que s'était-il passé? qu'était-il survenu? nul ne put le savoir au juste, chacun s'étant mutuellement rejeté la responsabilité de cette chose étrange.

Un ministre de passage, avait, paraît-il, été circonvenu la veille à l'Opéra, au sortir du foyer de la danse, par quelques musiciens de l'orchestre, cette meute bruyante, vous savez, qui bourdonne au fond du fossé creusé devant la rampe.

Ces fiers autocrates, craignant de se déshonorer en jouant la musique de Lecocq, non seulement avaient refusé d'accompagner la *Fille de Madame Angot*; mais encore s'étaient formellement opposés à ce qu'on laissât venir *leurs confrères* du théâtre des Folies-Dramatiques s'asseoir sur leurs chaises.

Le ministre, bon ministre! avait cédé, et l'on vit alors un fait inqualifiable, inouï, comme il ne s'en était encore jamais présenté sous un gouvernement autoritaire, s'accomplir nuitamment sous le régime de l'égalité et de la fraternité, sans que personne osât protester contre un pareil scandale . . . .

. . . .

****

Ne craignons pas de le dire, et crions le bien haut, la France ne sait pas honorer ses artistes. L'envie et la jalousie des uns, l'ignorance ou l'ingratitude des autres, les lui font méconnaître ou repousser, et cette indifférence de tous semblerait faire croire qu'elle a perdu tout sentiment du beau. Elle préfère à la noble fierté du génie qui refuse de se courber les bassesses et les flatteries des intrigants.

L'imbécillité d'un bourgeois parvenu ou l'arrogance d'un huissier, repu de commandements et de saisies, lui en imposent s'ils sont propriétaires ou millionnaires; elle tremble devant l'article acerbe d'un journal mercantile, et, dans son affolement, elle dédaigne les gloires qui l'ont faite grande et magnifique, pour se prostituer aux sottes ambitions parisiennes.

Devant de pareils actes, n'a-t-on pas le droit de répondre ce que Voltaire disait à Le Kain, « que son art était avili par des barbares et proscrit par des hypocrites. »

Voltaire n'avait-il pas raison de les flétrir, ces tartuffes de tous genres, en voyant Louis XIV permettre qu'un Harlay de Chauvallon, archevêque de Paris, un des plus éhontés libertins de la cour, osât refuser la sépulture à Molière, pendant que lui, le Roi-Soleil, ne dédaignait pas de descendre de son trône pour parader dans les ballets?

N'avait-il pas raison de tonner contre l'intolérance de ces barbares effrontés, en voyant Adrienne Lecouvreur, repoussée ainsi que Molière par l'Eglise, n'avoir que deux portefaix pour l'ensevelir, et la jeter nuitamment, comme une criminelle, dans un égout de la rue de Bourgogne?

Et cela, pendant que l'Angleterre faisait porter en grande pompe à l'abbaye de Westminster les dépouilles de Garrick et de Anne Oldfields, et ordonnait qu'ils fussent inhumés dans les caveaux de ses Rois.

Voilà ce que la France monarchique faisait pour ses artistes.

Quant à la France républicaine, elle a guillotiné André Chénier et Fabre d'Églantine; laissé mourir Marie Dorval dans la misère, et permis qu'une poignée de pygmées osât porter la main au front de Frédérick Lemaître, pour en arracher le dernier fleuron de sa couronne.

C'est pourquoi la mort le trouva calme et fort.

Il ne regrettait rien.

Une partie de ceux qu'il aimait l'avait déjà précédé dans l'inconnu.

Il embrassa les autres en leur disant : Au revoir !

La France, qui, dans un siècle, lui élèvera peut-être une statue, pourra graver sur le socle :

> Il a tout fait pour son art,
> Et son art n'a rien fait pour lui.

TABLE

Évreux. Ch. HÉRISSEY imp. — 1179